MEG WILSON

ESPERANZA
DESPUÉS DE LA TRAICIÓN

Qué hacer cuando la adicción sexual invade tu matrimonio

EDITORIAL PORTAVOZ

La misión de *Editorial Portavoz* consiste en proporcionar productos de calidad —con integridad y excelencia—, desde una perspectiva bíblica y confiable, que animen a las personas a conocer y servir a Jesucristo.

Título del original: *Hope After Betrayal: Healing When Sexual Addiction Invades Your Marriage*, © 2007 por Meg Wilson y publicado por Kregel Publications, una división de Kregel, Inc., Grand Rapids, Michigan 49505. Traducido con permiso.

Traducción: Ricardo Acosta
Diseño de portada: Dogo Creativo

Las cursivas en los versículos bíblicos son énfasis de la autora.

EDITORIAL PORTAVOZ
2450 Oak Industrial Drive NE
Grand Rapids, Michigan 49505 USA
Visítenos en: www.portavoz.com

ISBN 978-0-8254-5748-7 (rústica)
ISBN 978-0-8254-6646-5 (Kindle)
ISBN 978-0-8254-7462-0 (epub)

1 2 3 4 5 edición / año 26 25 24 23 22 21 20 19 18 17

Impreso en los Estados Unidos de América
Printed in the United States of America

«Esperanza definitiva para cónyuges que se sienten perdidos y destruidos a causa de la adicción sexual. Meg Wilson entiende la tragedia de la adicción y la sabiduría en la reconstrucción».

—J. R. Mahon
Ex pastor, XXXchurch.com

«*Esperanza después de la traición* es un salvavidas fuerte y seguro al que miles de mujeres alargarán las manos cuando estén ahogándose. Meg ofrece dirección y ánimo cuidadosos y claros en cada capítulo, a medida que descubre la verdad acerca de la adicción sexual. El último capítulo, escrito por el esposo de Meg, cambiará la opinión de toda mujer acerca del tema. Esta valiosa herramienta debería ser lectura obligada para toda esposa y toda madre».

—Robin Jones Gunn
Exitosa escritora de *Take Flight!*, parte de una serie de devocionales

«*Esperanza después de la traición* es sincero, práctico y alentador. Lo mejor de todo, es fiel a la Palabra de Dios. Una mujer traicionada por su esposo entenderá este libro porque le ofrece la protección de la verdad y la gran esperanza para la sanidad auténtica. Meg se identifica claramente con los sentimientos de la traicionada y no minimiza las consecuencias. Al mismo tiempo reta a las lectoras a buscar profundamente lo que Dios desea lograr en sus propias vidas».

—Randy Alcorn
Autor de *El principio de la pureza* y *El cielo*

«*Esperanza después de la traición* aborda uno de los mayores retos que los matrimonios enfrentan en el siglo XXI: los devastadores efectos de la adicción sexual. Al dar a conocer su propia experiencia personal, Meg brinda sabiduría y esperanza piadosas a mujeres que se encuentran recorriendo una senda que nunca imaginaron que irían a recorrer. Muchas serán bendecidas con los recursos mostrados en este libro al saber que no están solas en esta batalla».

—Diane Roberts
Autora de *Betrayed Heart* y *Accept No Substitute*

«*Esperanza después de la traición* de Meg Wilson es un libro sincero que también fomenta sinceridad en la lectora. Me encanta cómo Meg entreteje su propia historia con las de otras tres mujeres a fin de detallar cómo empezó la adicción sexual en las vidas de sus esposos y cómo ellas han seguido a Dios a través del proceso de sanidad y perdón. ¡Aplaudo a Meg por dar a conocer esto con tanto cuidado y esperanza!».

—Clay Crosse
Holy Homes Ministries
Escritor, cantante y compositor

A mi Señor y Salvador,
Jesucristo.
Separada de Él
nada puedo hacer.

Contenido

PRÓLOGO

Mi senda

¿Cómo encuentra una mujer su camino en medio de la oscuridad? ¿Cómo rehace su vida? ¿Cómo sale adelante después de descubrir que su esposo ha estado teniendo actividades sexuales fuera del matrimonio? Ya que estás leyendo este libro, supongo que tú o alguien cercano a ti recientemente ha visto devastada su vida por la traición sexual. O tal vez, la herida de una traición antigua se ha empeorado por un creyente, un pastor o un consejero que te ofreció dirección bien intencionada pero inútil.

Hace más de seis años el sendero de mi vida se vio alterado para siempre. Yo era una esposa de clase media con dos hijas, dos autos, dos mascotas y una firme comprensión del sueño estadounidense. El centro para todo esto era un esposo amoroso y próspero que amaba al Señor. ¡Yo lo tenía todo! Ah, existían los típicos y normales retos de la paternidad y las finanzas. Pero simplemente yo les restaba importancia y seguía adelante.

La primera conmoción comenzó con una llamada de un amigo cercano de la familia que se había mudado fuera del estado. Mi esposo y yo escuchamos cuando Mark nos explicaba que estaba renunciando al cargo de diácono de su iglesia. Mark confesó su lucha constante con la pornografía en la Internet. Quedamos perplejos y tristes, pues conocíamos el corazón de este hombre. La noticia simplemente no tenía sentido para nosotros.

En los días posteriores pasé mucho tiempo hablando por teléfono con Amy, la esposa de Mark. No sé si fui de alguna ayuda para ella.

Estaba claro que nuestra amiga había entrado a una tierra de sombras de la que yo no sabía nada. Había una nueva dureza en sus palabras, que afectaba su exterior y rompía la brillantez de su idílica apariencia. Sin embargo, esto me preparó en maneras que no pude entender en ese momento.

El pensamiento de que mi esposo Dave también pudiera estar batallando con el mismo problema ni siquiera me pasó por la mente. Habría apostado hasta nuestro último centavo a la fidelidad y honestidad de mi esposo.

Dos meses más tarde surgieron las nubes de tormenta. Motivado por la confesión de Mark, mi esposo admitió que él también estaba lidiando con la pornografía. Como vendedor, tenía que viajar y las películas para adultos en la habitación eran una tentación para él. La revelación de mi esposo me envió al interior de esa extraña tierra de sombras. Todo lo que yo pensaba que sabía acerca de mi esposo de pronto pareció una mentira. Me hallaba avanzando a tientas en medio de las tinieblas, donde parecía que la verdad se había perdido. Había sentido profunda tristeza por mi amiga Amy, pero su realidad ahora era mi realidad. Simplemente esta ya no era *su* historia, sino también *mi* vida.

Al menos yo sabía a quién acudir. Amy se convirtió en mi consuelo y en un recurso valioso. Me recomendó muchos libros. Leí… y leí…, pero me era difícil asimilar. Las definiciones clínicas de este término nuevo, «adicción sexual» (AS), no me producían mucha esperanza o consuelo. Yo quería entender esta tierra nueva, un lugar donde me hallaba perdida en tétricas sensaciones.

Cada página que leía confirmaba que la AS era un problema de mi esposo y que yo no tenía la culpa. Al mismo tiempo, cada defecto de mi cuerpo confirmaba que era culpa mía. Los libros me aseguraban que no estaba sola en la forma en que me sentía; sin embargo, nunca me sentí más abandonada. De acuerdo con todo lo que leía, el Señor estaba conmigo, pero no podía verlo en medio de las tinieblas de la desesperanza.

Entonces encontré un punto de apoyo; la antigua Meg asumió el control. Empecé a tratar con mi vergüenza y tristeza tal como lo había hecho en el pasado, arrastrándome de nuevo al mundo de la falsa ilusión. No mostraba mis sentimientos, negaba la situación y clamaba a Dios pidiendo que el problema desapareciera. Después de todo, mi esposo estaba apenado. Sus libros sobre cómo recuperarse de la AS aumentaban, y parecía que pasaba más tiempo leyendo la Biblia.

Le agradecí a Dios que *solo* fue pornografía y por la asombrosa curación de mi esposo. La vida volvió a la normalidad.

No obstante, una clara percepción aumentó en mí acerca de la incidencia de AS en nuestra sociedad. Por todas partes había mujeres experimentando el mismo sufrimiento. Llegué a entenderles el lenguaje y reconocí los indicios de su vergüenza oculta. Declaraciones supuestamente inofensivas como: «Mi esposo y yo no estamos unidos» o: «Mi matrimonio está en crisis», eran luces centelleantes para mí. No tardé mucho tiempo en darme cuenta de lo insidiosa que es esta adicción, particularmente en la iglesia. Quise ayudar.

Dios empezó a traerme más mujeres dolidas y les conté mi testimonio de esperanza. Apremiada por el dolor y experiencia de ellas, y por mi deseo de cambiar las cosas, vi la necesidad de fundar un grupo de apoyo. Las mujeres cuyos esposos luchaban con la adicción sexual necesitaban un lugar en el cual sanar. Nuestra iglesia ya tenía un grupo para hombres. Dios me puso en contacto con Sharon, otra esposa cuyo marido estaba en recuperación, y decidimos actuar.

Me acerqué a nuestro pastor, Martin, quien me sugirió que asistiéramos a una clase para esposas de adictos al sexo que ya se impartía en otra iglesia, con el fin de ver si podíamos incorporar su programa a nuestra congregación. La sugerencia del pastor Martin fue sabia. Durante doce semanas, Sharon y yo nos convertimos en estudiantes en ese grupo de apoyo. Allí tuvo lugar más que aprendizaje. Dios vertió verdad y luz adicionales en nuestras vidas. Bajo nosotras, el Señor estaba levantando apoyos para lo que estaba por venir, aunque no lo vi en ese momento. Me hallaba muy ocupada dando gracias porque mi historia no era tan grave como las de otras mujeres en mi grupo.

La primavera siguiente empezó en nuestra iglesia el primer grupo de Corazones en Sanidad (Healing Hearts). Diez mujeres llegaron a la primera reunión. Yo esperaba con ansias cada reunión, emocionada por ver que Dios proporcionara la misma recuperación rápida en las vidas de todas ellas. Era un privilegio ver que la luz de la esperanza se extendía a lo largo de las sendas de estas mujeres. Su proceso de sanidad comenzaba cuando ingresaban en sus primeros rayos dorados e identificaban algunas mentiras.

Sin embargo, a las pocas semanas de iniciar nuestras clases, mi matrimonio experimentó una nueva y traumática caída en picada. Fue un martes de primavera por la mañana. Esa noche yo debía contar mi historia de esperanza en Corazones en Sanidad. Cuando salí de la ducha observé que la luz de mensajes en el teléfono estaba titilando. Al presionar el botón escuché el conocido tono de la voz de mi esposo. Me encantaba el hecho de que me llamara todos los días, a veces más a menudo… en realidad muchísimo más de lo que lo hacía cuando estaba ausente. Puesto que él había salido de la ciudad la semana anterior, me alegré de escuchar… hasta que se hizo claro que esto no se trataba de una llamada rutinaria tipo «Solo quería saludarte, mi amor».

«Soy yo —manifestó la voz de Dave—. Estoy en camino a casa. Tenemos que hablar… Estaré allí a las dos… así que, por favor, quiero que estés en casa… sola. Te lo explicaré personalmente. Mi jefe ha sido muy solidario».

Se me aceleró el corazón, perforándome los oídos. Toda terminación nerviosa se me puso en posición de alerta. Había algo extraño en su voz. Algo que era muy malo. ¿Por qué venía Dave a casa tres días antes? Por su última frase supe que no había perdido el trabajo. Pero podía asegurar que no eran buenas noticias. El cerebro me daba vueltas mientras recordaba los dos últimos días que estuvo en casa. Había parecido distraído y lejano. Supuse que se debió a la tensión por viajar.

Traté de realizar algunos quehaceres, pero lo único que hice fue contar los minutos hasta las dos de la tarde. Cuando el auto de Dave llegó a nuestra entrada, sentí el impulso de huir.

Él entró, sosteniendo un cuaderno de tapa blanda con los bordes doblados al haber sido enrollado y desenrollado. La expresión en el rostro de Dave no se parecía a nada que yo hubiera visto antes. El dolor que se reflejaba en sus ojos estaba a punto de ser mío.

«Estoy en casa debido a Carl… tú sabes… el líder de mi grupo de hombres —comenzó a hablar, titubeando—. Lo llamé anoche… y le confesé mi recaída hace algunos días. La culpa me estaba devorando».

Dave hizo una pausa jugueteando con el cuaderno mientras yo permanecía totalmente inmóvil.

«Carl me dijo que viniera a casa y te confesara todo antes que contaras nuestra historia esta noche a las señoras de tu grupo. No dormí nada anoche. Me quedé despierto, escribiendo un diagrama cronológico de mi adicción sexual».

De pronto solo existió el retumbar de la voz de mi esposo y el sonido del papel que sostenía, las páginas que estaban a punto de cambiarme indeleblemente la vida.

Por la primera revelación de Dave, dos años atrás, yo sabía que su compulsión comenzó cuando solo tenía once años de edad, el día en que encontró material pornográfico de su padre. La pornografía se convirtió en un mecanismo para lidiar con sus sentimientos de baja autoestima. Su adicción había avanzado hasta su estado actual. Sin embargo, esta vez Dave incluyó las partes de su historia que no había confesado. No había sido completamente sincero en su primera revelación. Durante más de diecisiete años había sido inconcebible para mí que me fuera infiel y, debido a su temor de que lo abandonara, omitió hechos importantes. A pesar de que su deseo de ser libre y sanado era sincero, su consciente exclusión de información pertinente había dejado suficiente lugar para que el enemigo tuviera un asidero. Satanás esperó el momento oportuno, y agarró y arrastró a Dave a mayor profundidad dentro de la adicción.

Esta vez mi esposo había tocado fondo. Describió cómo después de su último encuentro sexual sintió que Dios le había dado la espalda. La soledad había sido su compañía toda la vida, pero la sensación de estar separado de Dios era aún más tenebrosa. Dave sintió que se moriría si no se limpiaba. Su desesperación por liberarse de su adicción era tan grande que estuvo dispuesto a perder nuestro matrimonio de diecinueve años. Confesó toda traición en el curso de nuestra vida marital.

A medida que aludía a su cuaderno, decidido ahora a no omitir nada, la vida, como yo la definía, se iba desvaneciendo. La realidad ya no existía. Los sueños murieron y quedaron enterrados en un lugar inalcanzable. Lo único que permaneció fue un gran agujero negro con un enorme signo de interrogación en el medio.

Cuando él contó más detalles de su adicción sexual y de su lucha continua, mi corazón se destrozó de nuevo, solo que esta vez de manera más profunda. Nada de lo que aprendí leyendo todos esos libros sobre

AS me preparó para este momento. Si la herida hubiera sido física en lugar de emocional, habría muerto.

La primera vez que Dave confesó, dejó fuera un encuentro no físico con otra mujer. Aunque no hubiera habido ningún contacto físico, esa omisión estancó cualquier posibilidad de ser curado. Esta vez admitió que, desde su última confesión, había tenido contacto físico con una mujer. Y en esta ocasión no pude ver directamente y ni siquiera recordar algún progreso anterior. Los únicos pensamientos que tuve fueron de lo tonta y crédula que había sido, y de que mi esposo me había sido infiel.

El dolor se hizo insoportable. Si alguna de las mujeres en mi grupo me hubiera dicho que su esposo acababa de hacerle tal confesión, ¿qué le habría dicho? Yo necesitaba todas las herramientas y todos los refuerzos que Dios podía suplir, pero sentí que todo estaba fuera del alcance. Este dolor se sentía demasiado grande… demasiado amargo… demasiado sin esperanza para que hubiera algún remedio.

Aturdida al principio, no podía ver a Dios; apenas conseguía respirar. Recuerdo no sentir nada más que las piernas temblando debajo de mí. Era como si ya no formaran parte de mi cuerpo. Sentía el temblor, pero no podía controlarlo. Lo único que pude hacer fue sentarme y escuchar, y temblar bajo imágenes impensables que se desarrollaban delante de mí. La mente se me entumeció, incapaz de registrar dolor en ese nivel, el maravilloso diseño de Dios llamado choque emocional.

No obstante, un pensamiento se filtró a través de mí: *No tomes decisiones precipitadas*. De alguna manera reconocí que debía esperar hasta que Dios hablara. Solo podía esperar que Él todavía estuviera allí… debía esperar que Él fuera real. Al mirar hacia atrás reconozco, por supuesto, que Dios estaba allí y que guiaba lo que yo decía, pero en ese momento solo podía experimentar temor, tinieblas y total desesperanza.

Dave y yo aún estábamos hablando cuando una de nuestras hijas llegó del colegio a casa. ¿Habían pasado realmente dos horas desde que Dave entrara por la puerta con su cuaderno? Las sentía como dos minutos.

Dave entró en pánico.

«¿Qué quieres que haga? —susurró—. ¿Debo irme a un hotel?».

Sorprendentemente vacía de emoción, sentí que Dios marcaba las directrices para mí. Me oí hablar en un tono normal, como si estuviera escuchando a un extraño leer una lista.

«Te quedarás en casa hasta que esté segura de qué hacer... hasta oír algo... hasta pensar en algo. El hecho de que hoy estés aquí no significa que estarás dentro de dos días. Intentaremos mantener las cosas lo más normales posible por las niñas. Dormiremos en la misma alcoba, pero no habrá contacto físico entre nosotros. Seremos como compañeros de habitación, sin que alguno de los dos esté en el cuarto cuando el otro esté vistiéndose o bañándose».

Eso es lo único que supe. Luego la mente se aceleró cuando una ola de incredulidad volvió a golpear. *¿Cómo llegamos hasta aquí? ¿No he hecho bien todas las cosas? ¡Qué tonta fui!*

Ya que no quería enfrentar esa noche a las mujeres en nuestro grupo, llamé a mi amiga de confianza Sharon para cancelar la reunión. Ella se afligió por mí, pero me convenció de que fuera. Más tarde volví a llamar para echarme atrás. Por último me dijo que estaba en camino para llevarme allí. Sharon sabía que yo necesitaba el apoyo.

El grupo no recibió la historia de esperanza que yo había planeado originalmente. En lugar de eso tuvieron la peor pesadilla desplegada ante ellas. Mientras yo hablaba, tenía la cabeza agachada. Cuando terminé, la levanté poco a poco, esperando ver desilusión en sus rostros. Al contrario, solo vi rostros llenos de lágrimas. Yo estaba humillada. Ellas escucharon, lloraron conmigo y me brindaron su apoyo. Esa noche fue difícil para todas nosotras. Muchas tenían frescas sus propias heridas, pero yo necesitaba estar allí y contar la mía. El único comentario que recuerdo haber hecho fue: «Esto apesta». No podía ver esperanza en ese momento, pero la comprensión que tuvieron fue un bálsamo para mi dolido corazón.

De haberme quedado en casa, escondida y sintiéndome avergonzada, tal vez me hubiera encontrado atascada allí, porque en casa la batalla se libraba en mi mente. Al igual que muchas mujeres cristianas, me pregunté si había alguna oración correcta para eliminar el dolor, pero sabía que la herida era demasiado grave para esquivarla con una simple oración o con un versículo bíblico. La revelación de las mentiras se sumó a la traición. Me sentí fracasada como cristiana y como esposa. ¿Qué giro equivocado me había traído a este lugar?

El día siguiente, Dave y yo estuvimos separados. Limpié mi agenda, menos una cita con mi amiga Donna. Originalmente íbamos a reunirnos para hablar de que se convirtiera en mi mentora. Ella no tenía idea de lo que le esperaba en nuestra primera reunión. No obstante, Donna escuchó. Entonces habló de una aventura emocional que su esposo tuviera muchos años atrás. Ella comprendía el dolor de la traición.

Donna incluso fue conmigo a mi médico cuando me hicieron la prueba de enfermedades de transmisión sexual (ETS). Nunca había sondeado las profundidades de la vergüenza hasta ese momento. Pude ver que mi médico no sabía qué decir. Intentó ser profesional y compasiva, pero no quería demasiada información. Mi vergüenza se había derramado sobre mi médico.

Cuando salí, la expresión amorosa de Donna me permitió dar el siguiente paso. Fue una bendición, la persona correcta en el momento adecuado. Todo el tiempo me la pasé gritando: «¿Por qué, Dios? ¿Por qué yo?». Pero Donna escuchaba y lloraba conmigo, sin condenar ni una sola vez a mi esposo. No solo que no lo veía como un monstruo, la opinión que tenía de él parecía no haberse alterado. Mi amiga me permitió ver el primer destello de esperanza.

Si puedes verte retratada en mi dolor, me identifico contigo más allá de las palabras. Claro que no estás sola. Hay una creciente comunidad de mujeres como tú y como yo, y en su mayoría aún están ocultas.

Me doy cuenta de lo afortunada que fui al tener amigas que estuvieron a mi lado en esta pesadilla. Sin embargo, la mayoría de mujeres siente como si no existiera alguien con quien hablar. Sea que en este momento estés segura o no de la adicción sexual de tu esposo, tienes a un Padre celestial amoroso, listo para escuchar y ayudar. Él ya te ha guiado a encontrar este recurso. Sigue leyendo y no te quedes en el lugar de tinieblas. Decide encontrar el sendero hacia la esperanza. Seré sincera: no se trata de deslizarse suavemente sobre una ladera soleada. Es trabajo duro.

Decir que mi esposo y yo navegamos directo hacia la sanidad sería una tremenda exageración. Aún debíamos vivir y procesar todas las emociones y el mismo sufrimiento real. Debí salir de mi conmoción inicial y atravesar todas las etapas del dolor. Aferrarme a las verdades de Dios, una a la vez, me llevó paso a paso hacia la fe y la salud. Me acerqué primero a los libros, en busca de aquel que me daría esperanza. No lo encontré en seguida.

Entregar mi dolor, mis temores y mis emociones a Dios fue el inicio del proceso de sanidad. Sin embargo, los pasos no fueron exactamente definidos ni los resultados instantáneos. A menudo le clamé a Dios, porque muchas piezas de mi dolor eran más difíciles de soltar que otras. Pero a medida que Él ministraba a mis necesidades cada vez que yo levantaba su Palabra, nuestra relación se profundizaba. Pude haberle fallado a Dios si no hubiera estado dispuesta a dar un paso de fe, aun cuando mis sentimientos me hacían dudar de su existencia.

Todas las teorías que conocía acerca del carácter y los atributos de Dios ahora se hicieron realidad. Por ejemplo, reconocer que necesitaba que Él fuera mi fortaleza y mi escudo marcó un hito importante para mí. Por primera vez pronuncié oraciones sin preocuparme por cómo sonaban. No intenté corregirlas antes de hablarle a Cristo. Permití que lo tomara todo, porque Dios ya conocía mi sufrimiento. Expresar esas heridas profundas se convirtió en un acto de confianza y adoración. En realidad, mi primera oración no fue elocuente del todo. Las palabras fueron sinceras y expresaban algo así: «Está bien, Dios, sé que no planificaste esto, pero tampoco te tomó por sorpresa. De alguna manera puedes utilizar esta desgracia para bien, aunque ahora mismo yo no pueda verlo. Lo único que sé es que esto apesta. Decido confiar en ti, sabiendo que necesito tu ayuda porque no puedo superarlo sola».

Casi antes de haber terminado de pronunciar las palabras, algo se le reveló a mi espíritu, como un velo que se había levantado, y supe que yo estaría bien. Dios empezó a ministrar personalmente a los lugares destrozados. Los resultados no fueron mágicos; mis circunstancias no desaparecieron. Pero mi cambio de actitud; es decir, mi determinación de dejarme guiar y de confiar, estaba comenzando a influir.

Cada mañana, cuando empezaba mi devocional diario, venía evidencia de la obra de Dios y de su cuidado personal por mí. Esta disciplina establecida desde hace mucho tiempo tomó un nuevo significado día tras día, ya que cada versículo y cada lectura parecían escritos para mí. Un día, el versículo Isaías 54:5 me dijo que mi Hacedor es mi esposo. Génesis 22:14 simplemente declaró que el Señor proveería.

Así el amoroso ánimo de Dios continuó día a día. Sentí su toque íntimo de una manera nueva y poderosa. Aunque entendía que Él responde las oraciones, esta intervención de su parte fue mucho más. No tenía ninguna duda de que Dios estaba atendiendo mis necesidades específicas con sus amorosas palabras de verdad. Así como pasar una prueba en compañía de una amiga hace que la relación crezca, así también mi fe se levantó y se elevó, protegida bajo las alas del cuidado personal de Dios.

RECONOCIMIENTOS

Si un niño tiene la mejor capacidad de convertirse en un adulto sano cuando toda la comunidad asume un papel activo en su crianza, entonces se necesitó una comunidad mayor para desarrollar este libro. No podría seguir adelante sin reconocer a mis conciudadanos que han sido fundamentales en este proceso. Por sobre todo, después de Dios está mi increíble esposo, quien en broma se llama «mi material de origen». Eres mucho más. Eres un ejemplo andante de la gracia, la misericordia y el poder redentor de Dios. Gracias por hacer a diario el trabajo más difícil de tu vida: permitir que Dios te lleve a través del fuego de refinación. Eres mi amado, el padre de dos hijas maravillosas y mi héroe. Todos estamos mejor al haber enfrentado y sobrevivido a las tinieblas de la adicción sexual.

Laurel y Sarah, ver el sufrimiento de ustedes fue casi tan difícil como vivir el mío, pero verlas crecer en sus propios tiempos y luego florecer a la luz de la verdad hizo que la obra de sanidad valiera la pena. Esto me mantiene esforzándome todavía. Dios las ha bendecido con sabiduría más allá de sus años y con belleza que resplandece desde sus adentros hacia afuera. Me cuesta esperar para ver cómo Dios las usará a ambas.

Me siento muy honrada al mirar los años anteriores de sanidad y la increíble comunidad que Dios me envió. Él proveyó simpatizantes, guerreros de oración, mentores y colaboradores. El Espíritu Santo dirigió el proceso desde el principio. En los momentos más sombríos instó a Willie a declarar verdad a mi esposo; y a mí me envió a Dawn, Linda,

Susan y las mujeres de la iglesia East Hills. Me proporcionó animadores como Allison, Prabha, Deanna, Eric, Jim, Dena, Chris, Shelley, Sarah, Lynette y Shelly. Luego hubo las muchas guerreras de oración como Diann, Gaylen, LeNnae, Velynn, Nita y Beth. Para ayudar en el proceso de escribir, Dios envió a mis queridas planificadoras Jaynie y Robin, además de mi mentora Julie. Luego estuvieron mis editoras de corazón, Raelene y Mesu. Toda la gente en Kregel se movió realmente para poner este libro en tus manos con la mayor prontitud. Mis sabios consejeros Kathy, Ross, Paul y Matt hicieron más de lo que saben.

A todas las mujeres que han llegado a través de Corazones en Sanidad, ustedes me han honrado con cada dolor profundo del que han hablado. Son un recordatorio constante del asombroso, y tan ilimitado, amor de Dios, así como de la provisión que Él tiene para sus hijas heridas. No hay nada que nuestro Dios no pueda hacer o reivindicar cuando simplemente confiamos en Él. Mi esperanza y mi seguridad están solo en Cristo. Las gracias no parecen ser suficientes; por lo tanto, bendiciones —*muchas* bendiciones— sobre cada uno de ustedes amados por permitir que Dios los utilice a mi favor. Y ahora esas bendiciones se transmitirán a todos los que lean este libro.

INTRODUCCIÓN

Recorre tu camino

Esperanza después de la traición está diseñado para ayudarte a caminar por esa senda de oscuridad y dolor, y entrar a un lugar de luz y esperanza. Sin que importe cuánto tiempo hace que ocurrió tu herida, este libro es para ti. Otras personas, incluida yo, han hecho este viaje y han peleado sus batallas a lo largo del sendero.

Hay buenas noticias: la esperanza es real. Independientemente de lo que haya hecho tu marido, o de lo que esté haciendo, siempre hay esperanza para quienes buscan ayuda. He visto personas haciendo el trabajo sucio que resulta en la belleza de la sanidad. Entiendo el gozo de captar un rayo de luz donde una vez reinó la oscuridad. He estado en las profundidades del dolor inimaginable, solo para descubrir que Dios estaba aún más allá de ese sufrimiento. Su paz y su sanidad también están a tu alcance. Puedes volver a ser plena. Puedes volver a experimentar sanidad después de la traición. Puedo afirmar enfáticamente que este es un trabajo que vale la pena realizar.

La definición que Dios tiene de *esperanza* es diferente de la nuestra. Pensamos en *esperanza* como un deseo o un sueño de algo que podría suceder. La definición divina de *esperanza* es «promesa»; y al igual que todas sus promesas, se trata de un absoluto. La esperanza en Cristo puede definirse como confianza total en una certeza. Esta esperanza incluye nuestro futuro eterno, el cual Cristo proporcionó mediante su obediencia al Padre cuando fue a la cruz. Su regreso está igualmente asegurado. Nuestra seguridad en medio de circunstancias inciertas puede hallarse solo en Cristo y en sus promesas infalibles para nosotros. Él es *Esperanza después de la traición*.

La mejor forma de reconocer la dirección de Dios es buscarlo en su carta de amor para nosotros. Por eso es que cada capítulo de este libro termina con «Luces en el camino», versículos bíblicos específicos que se aplican al tema del capítulo. Algunos de estos pasajes bíblicos serán nuevos para ti, tal vez otros ya los conozcas. Además de ayudarnos a reconocer la dirección de Dios, he incluido estos versículos porque una vez que aprendemos acerca del carácter de Dios, reconoceremos las cualidades del carácter divino en otras personas.

Debido a que este libro te lleva por un viaje de exploración propia, se te pide que lleves un diario (lee el Apéndice A para más información). Después de «Luces en el camino», hay algunas preguntas o sugerencias para tener un punto de partida en tu escritura. Mi única petición es que llegues ante Dios con un corazón receptivo y que pongas el mayor peso en la Palabra de Dios y no en la mía.

Sin embargo, ten cuidado porque mientras lees puedes encontrar algunas verdades en estas páginas que preferirías evitar. Cada fibra de tu ser protestará contra el cambio necesario para seguir adelante. No obstante, lee esas partes una y otra vez. Utiliza tu diario para escribir acerca de lo que estás sintiendo, y no continúes hasta que estés dispuesta a aplicar completamente esa verdad. Trata cada palabra hasta que la dirección sea clara para tu próximo paso.

Podría haber momentos en que te encuentres enojada o con deseos de resistirte. Estos sentimientos están bien. Exprésalos a Dios; Él te escuchará. Lucha con estos nuevos conceptos mediante oración y con tu diario o algún otro medio sano de expresión. Procesa tus pensamientos por crudos que sean. No te molestes en suprimir los mensajes de Dios. Él ya ha visto tu corazón en su plenitud y todavía te sigue amando por completo.

Ya seas nueva en dirigirte a Dios o hayas sido seguidora de Cristo por muchos años, espera que Él se te revele mientras lees estas páginas. Él no te ha abandonado. En realidad, está llamándote por tu nombre. Descubrirás que tu Padre celestial es más que capaz para guiarte, y quiere que sepas que tiene mucho que enseñarte por medio de tu sufrimiento. Las palabras que ha puesto en la Biblia son sus mensajes de amor para ti, escritos contigo en mente. Así que escucha sus verdades, incluso las que son difíciles y dolorosas. Dios quiere obrar en ti y por medio de ti sin importar lo que tu esposo haga o no haga. Debes decidir a quién seguir, qué voz escuchar y a quién servirás cada día.

Luces en el camino

Jehová será refugio del pobre,
refugio para el tiempo de angustia.
En ti confiarán los que conocen tu nombre,
por cuanto tú, oh Jehová, no desamparaste a los que te buscaron (Salmos 9:9-10).

Porque tu marido es tu Hacedor; Jehová de los ejércitos es su nombre; y tu Redentor, el Santo de Israel; Dios de toda la tierra será llamado. Porque como a mujer abandonada y triste de espíritu te llamó Jehová, y como a la esposa de la juventud que es repudiada, dijo el Dios tuyo (Isaías 54:5-6).

Y sabemos que a los que aman a Dios, todas las cosas les ayudan a bien, esto es, a los que conforme a su propósito son llamados (Romanos 8:28).

La Escritura dice: Todo aquel que en él creyere, no será avergonzado. Porque no hay diferencia entre judío y griego, pues el mismo que es Señor de todos, es rico para con todos los que le invocan; porque todo aquel que invocare el nombre del Señor, será salvo (Romanos 10:11-13).

Tu diario personal

Empieza a asimilar las anteriores verdades bíblicas. Conviértelas en una guía. Míralas, subráyalas y medita en cada una de ellas. Cada vez que abras la Biblia para reflexionar en las «Luces en el camino», espera que Dios te muestre verdades sanadoras. Con la luz que guía hacia la verdad es menos probable que los viajeros se pierdan o se extravíen de la senda y entren a territorio enemigo. Entiendo lo fuertes que pueden ser los sentimientos de desesperación y soledad. Ve a Jesús con las manos extendidas en amor y deja que la luz de la verdad fortalezca tu fe. Después de todo, Cristo conoce muy bien el dolor de la traición.

Mira hacia Él mientras registras tus palabras, al escribir lo que piensas y sientes. Empieza por formular esa primera oración de fe. No adornes tus pensamientos. Clámale al Señor. Deja que su corazón de amor te lleve a la certeza y seguridad de su presencia. Permite que la verdad de su poder, amor y cuidado por ti comience a iluminar el sendero hacia un futuro más brillante.

CAPÍTULO 1

Oscuridad

Traición brutal

La traición de aquel a quien amo me dejó en total oscuridad. De repente me sentí completamente sola, o como si la soledad me hubiera tomado como rehén. Si esto te ha sucedido, lo primero que quiero que sepas es que no estás sola. El mismo hecho de estar sosteniendo este libro significa que otras mujeres desconocidas allá afuera se encuentran en la misma situación. Están en tu iglesia, tu vecindario y en tu círculo de amigos. Algunas ni siquiera conocen la verdad de la traición y muchas aún se encuentran ocultas. Aunque poderoso, ese sentimiento de estar aislada en medio de las tinieblas se basa en una mentira. En este momento quizá no haya nadie en la carne con quien creas que puedes hablar, pero Jesucristo está listo para escucharte.

En los últimos años he oído muchas historias desgarradoras de esposas que se han enterado de las vidas sexuales secretas de sus esposos. A este descubrimiento, o su revelación, es a lo que me refiero como *oscuridad*. Es como estar en una habitación agradable y conocida, y que de repente se apaguen todas las luces. El entorno conocido toma una forma desconocida. Objetos conocidos se convierten en obstáculos que nos hacen tropezar. El miedo nos envuelve mientras tanteamos en la oscuridad, buscando algo que nos ayude a orientarnos.

Algunos dirán que las descripciones anteriores son exageradas. Podrías tener familiares o amistades que dirían que estás exagerando. Después de todo, ver pornografía es entretenimiento adulto «inofensivo». La fantasía no daña a nadie. Sin embargo, tales opiniones surgen por ignorancia y negación. La adicción sexual empieza típicamente con el uso habitual de pornografía combinada con masturbación. Esta gratificación propia condiciona a los hombres a experimentar sexo en aislamiento, moviéndolos a lo que llamo «el mundo del yo». He experimentado de primera mano la hecatombe que una esposa siente cuando se da cuenta de que la parte más íntima de su corazón ha sido traicionada. He visto vez tras vez el mismo dolor en otras mujeres, y solo las que han estado allí lo entienden de veras. Pero debido a su falta de entendimiento, espectadores bienintencionados hacen a menudo comentarios que crean heridas adicionales.

Este oscurecimiento ocurre de diferentes maneras y en distintos niveles. A veces la revelación es rápida y parece como si alguien apagara el interruptor. Más a menudo, un poco de información inicia un proceso de oscurecimiento que con el tiempo termina en total oscuridad. Un motivo para la progresión más lenta es la forma en que muchos hombres son descubiertos. Con frecuencia son atrapados (una factura, una nota o un sitio en la Internet los delata) y esto los lleva a una confesión parcial. Incluso esposos que desean ser sinceros se saltan información importante frente al miedo. A esto se añade una esposa furiosa y dolida, y a muchos hombres les parece imposible una revelación completa.

El resultado para la esposa es como llamas de velas que se extinguen una a una, a medida que él revela, o ella descubre, más y más información. Sin embargo, en un giro diabólico de ironía, una confesión parcial resulta ser peor que ninguna en absoluto. A fin de que pueda empezar una sanidad auténtica, los esposos deben confesarlo todo. Las mentiras de omisión siguen siendo insinceras por bienintencionadas que sean. Todo lo que queda en la oscuridad deja un lazo que el enemigo puede apretar en el momento oportuno. Es inevitable que el resto de la historia se conozca más adelante, aumentando el dolor de la esposa y provocando la total oscuridad.

Aunque la confesión (qué y cuánto revelar) se enfocará más adelante, por ahora sugiero que seas muy cautelosa en exigir muchos detalles de tu esposo. La curiosidad mórbida ha dejado a muchas mujeres con demasiadas imágenes que son difíciles de borrar. Lo mejor es obtener solamente los hechos generales necesarios, no los detalles cruentos.

Cuando mi esposo se cansó de huir de la verdad y de Dios, finalmente confesó todo. Yo aproveché su deseo de ser totalmente sincero. Al mirar atrás me doy cuenta de que hice algunas preguntas que cruzaron la línea de lo que yo debía saber. Atormentada por imágenes que no necesitaba, en mi cabeza rugía una guerra cada vez que tales imágenes surgían. Gracias a la enseñanza en el grupo de hombres de mi esposo, hubo ocasiones en que yo hacía preguntas y él contestaba: «Responderé esa pregunta, pero ¿estás segura de que quieres que lo haga?». Este era un control apropiado. Al darme cuenta de que ya poseía toda la información que necesitaba, dejé de pedir detalles innecesarios.

Podrías temblar ante esta declaración: Si tu esposo ha acudido a ti para confesarlo todo, con el tiempo llegarás a ver eso como algo afortunado. Fui una de las pocas afortunadas, pues mi esposo *acudió* a mí, aunque en ese momento no pude ver cómo podría salir algo bueno de ello. Sin embargo, con el tiempo reconocí que la completa sinceridad de mi esposo fue el primer paso realmente positivo, aunque mayor revelación me ocasionó más dolor. Esta fue la manera de Dios de darme una perspectiva fresca y fue el inicio auténtico de la sanidad. La revelación completa de Dave me ayudó a comprender que yo no era la única que estaba herida. Comencé a asimilar que Dios me mostraba los años de sufrimiento de Dave. Él era un hombre destrozado y Dios había dejado que tocara fondo.

Mi ira se calmó. Dave no estaba pasándola bien. Por el contrario, había estado viviendo una vida doble y lidiando con demonios desde que tenía once años de edad. Además, con su confesión plena tuvo que estar dispuesto a aceptar todas las consecuencias potenciales, incluso la pérdida de su matrimonio. Se dio cuenta de que nada podía ser peor que permanecer donde estaba: en esclavitud espiritual.

Me he topado con muchas esposas que han tenido que tratar con este mismo dolor de la traición sexual y, en repetidas ocasiones, he presenciado que una vez revelada toda la verdad, incluso por accidente, la sanidad puede comenzar… para el esposo o la esposa, o para ambos. La mayoría de hombres quiere ayuda para salir de su esclavitud, pero ellos están demasiado avergonzados para pedirla. Muchos han clamado a Dios en agonía, pidiéndole que los libere. No obstante, todo hombre cree que, si otros se enteran de lo que ha hecho, no lo perdonarían. Esta mentira los mantiene escondidos y lejos de la sanidad.

Entonces, ser descubierto puede ser el primer paso para un esposo en el camino hacia la libertad. Pero igual de importante, ser descubierto puede ser un catalizador para que la esposa obtenga ayuda, si es que la vergüenza no la mantiene escondida. Así es, aborrecí lo que supe de Dave, pero descubrir la verdad y tratar con esta, por doloroso que fuera, era más sano que vivir una mentira. Sin embargo, aceptar esta realidad toma tiempo. Parte de mí quería volver atrás, a vivir en la bendita ignorancia. Por supuesto que no había manera de volver. Yo no podía fingir que no lo sabía.

La potencialidad para el cambio positivo comenzó en esos momentos en que la oscuridad excluyó cualquier luz. Al principio no era reconocible el crecimiento, pero la pérdida de confianza, seguridad, inocencia y de tantas esperanzas me enfrentaron con mi necesidad de Dios. Un cimiento falso de seguridad y comodidad me había mantenido lejos de Dios. Había puesto mi confianza en mi esposo y en mis propios recursos. Desde luego, me daba cuenta de que los cristianos no son inmunes a los sufrimientos, las enfermedades y los desastres naturales. Pero confiaba en que mi práctica de disciplinas espirituales (oración, devocionales diarios, asistencia a la iglesia) de alguna manera me protegería de las grandes catástrofes personales.

Ahora era el momento de acercarme a Dios, aunque sentía que Él no había cumplido su parte del trato. Yo tenía que desligarme de mi dependencia en fundamentos falsos y llorar la pérdida de esos sueños que nunca se volverían realidad. Las ilusiones de un marido y compañero perfecto, o de una familia perfecta, se disiparon. Después que la conmoción desapareció me vi tragada por un remolino de emociones: tristeza, depresión, desesperanza e ira. Satanás, el padre de mentira, se estaba esforzando mucho, añadiendo sus palabras de desesperación. Él trabaja más arduamente cuando somos más vulnerables.

A veces escuchar la voz de Dios tomó una fuerza consciente de mi voluntad. Debí seguir tomando esa decisión por fe y dependencia total en Dios. Seguí esperando respuestas: ¿Por qué está sucediéndome esto? ¿Cuándo desaparecerá este dolor? ¿Veré alguna vez luz al final de este túnel? Abandonar mis deseos de controlar y mi necesidad de respuestas fue insoportable. Esta confianza total en Dios era algo nuevo para mí. Había mantenido gran parte de mi vida bajo control, decidiendo en qué comité estaría, tras qué ministerio personal seguiría, a qué organización contribuiría, para qué causa sería voluntaria. Dios solo era necesario para los domingos y para aquellas decisiones de vida realmente importantes. El desempeño cotidiano había sido mío.

Entonces todos estos soportes defectuosos se derrumbaron. La gravedad de la situación me ayudó a comprender que esta crisis era demasiado grande para poder llevarla sola. Necesitaba que una mano del tamaño de la de Dios me alcanzara y apoyara. Mi única opción viable era abandonar mi obsesión en mi propia seguridad y, en vez de eso, acercarme a Dios permitiéndole hacer su obra.

A pesar de que mi espíritu estaba nublado por la desesperanza, tomar la decisión de creer me aclaró la visión. Me concentré en la voz tierna y amorosa de mi Salvador, y no en el chillido estridente del desaliento que quería brotar. Como puedes ver, una guerra espiritual rugía en mi cabeza. Cuando comencé a poner atención a mis pensamientos interiores y a los sentimientos que provocaban, esta conexión de pensamientos y sentimientos me ayudó a identificar cuándo hablaba Dios, y no Satanás o yo. La voz de Dios emitía palabras de amor y nunca trajo condenación o desesperación, solo luz, expectativa y sanidad. Incluso su disciplina produjo esperanza, porque este nuevo sendero que había decidido seguir era claro, y quedaron en el olvido los antiguos errores de confiar mi seguridad a personas y cosas equivocadas. Empecé a comprender que la oscuridad, la depresión y la desesperanza eran productos de mentiras, falsedades de las que leerás en capítulos posteriores. Tales mentiras me mantuvieron orientada en mí o en Dave, en vez de estar enfocada en Dios.

Con Cristo, mi situación nunca fue irremediable. A veces simplemente expresar: «Señor, estoy sintiendo que esta situación no se puede remediar», me llevó a ver que podía seguir caminando hacia adelante. Es más, he visto que Cristo está a disposición de todos los que estén dispuestos a rendirse a Él. Independientemente de lo grave de la traición, las mujeres que deciden abandonar su necesidad de controlar el resultado de esa traición y poner su confianza plena en Cristo nunca resultan desilusionadas.

Esto no significa que todo se resolverá en un paquete nítido, atado con un lindo lazo. No quiero minimizar la verdad aquí. Incluso después de entregarlo todo a Dios, aún debí analizar con cuidado gran cantidad de dolor. Seguí necesitando recordatorios regulares: *Meg, deja de preguntar y de quejarte. Ya le has entregado esto a Dios*. Sin embargo, aunque no todos los matrimonios experimentan sanidad, es verdad que con el tiempo los lugares más destrozados en tu corazón y en tu espíritu pueden llegar a resplandecer con fe. Toda mujer que conozco que de todo corazón ha buscado a Dios, lo ha encontrado.

Las mujeres que no estuvieron dispuestas a llevar sus heridas delante de Dios, que se aferraron a estas por cualquier motivo, tendieron a quedar atascadas con su dolor en una posición triste. Su impedimento más profundo era no confiar en Dios. La negación o falta de voluntad en ellas para creer que podían renunciar al sufrimiento, la vergüenza, la falta de perdón, la ira o los derechos las dejaron sumidas en la oscuridad.

¿No estás segura de querer o poder abandonar el sufrimiento? Está bien. Simplemente arriésgate. Pide a Dios ayuda con la incertidumbre… no tienes nada que perder. Nunca pude haber descubierto por mi cuenta el plan de Dios, el plan que los capítulos de este libro te brindan. Yo necesitaba que Dios me mostrara lo imposible. A Él no solamente le encanta intervenir en situaciones desesperadas; le gusta hacer mucho más de lo que podríamos haber pensado o pedido.

Después de reconocer la presencia de Dios, se me hizo clara su dirección en cuanto a cómo debería enfrentar mi realidad. Aunque me parecía imposible reacomodar mi vida, sabía que los milagros surgen de lo aparentemente imposible, y cuando resultan, solo Dios se lleva todo el mérito.

Sin embargo, a pesar de que Dios es lo único que necesitamos, a menudo envía a otras personas que se nos acerquen en nuestro camino. Por tanto, me gustaría presentarte a tres mujeres. Considéralas tu grupo de apoyo personal. Aprende observando sus vidas. Teresa, Ester y Ana conforman la base de decenas de mujeres con las que he trabajado en los últimos años. Sus vidas, una mezcla de muchas otras, representan situaciones, comentarios y decisiones que enfrentaron mujeres reales que estuvieron perdidas en la oscuridad de la traición. Ellas nos cuentan cómo fue la revelación o el descubrimiento.

Teresa es joven, de voz suave y cae bien. Juguetea con su cabello rubio cuando habla y hace un montón de preguntas.

> Siempre me han gustado mis gafas, porque vinieron con lentes de color rosado, hasta que una tarde lluviosa recibí *la* llamada. La voz de mi esposo parecía extraña, tensa y débil. Necesitaba que yo consiguiera una niñera y que luego fuera a la estación de policía para sacarlo de la cárcel, ¡por requerir los servicios de una prostituta!
>
> La adrenalina se disparó por todo mi cuerpo y mi corazón empezó a latir con fuerza, pero algo me impidió gritar por el teléfono el montón de preguntas que me pasaron por la mente. En lugar de eso, chillé: «Allí estaré».
>
> Tan pronto como colgué, me sentí… aterrada. Todo el tiempo que estuve buscando quién cuidara los niños me mantuve en movimiento y revisando la hora, asegurándome de que los quemadores en el horno estuvieran apagados, chequeando que la máquina contestadora estuviera funcionando. No quería tiempo para pensar, porque no había querido admitir lo que estaba ocurriendo. ¿Podría tratarse de una equivocación? Últimamente las cosas no habían sido fabulosas en mi matrimonio, pero esos lentes rosados me hacían suponer que todo mejoraría con el tiempo.

Cuando Teresa y su esposo se sentaron en el auto después de terminar los trámites, ella se sintió cubierta de alquitrán negro y pegajoso. La vergüenza se mezclaba con temor y terror insoportables. Su esposo se dedicó de inmediato a hablar de sus luchas constantes. Teresa permanecía en silencio mientras él describía años de pornografía, clubes nudistas y, finalmente, prostitutas. La mujer trataba de lavar un poco el alquitrán con una constante corriente de lágrimas.

> Sentí que me estaba asfixiando. Con cada una de las palabras de mi esposo, su carga se aligeraba, pero la mía se hacía más

> pesada. Él quiso que le dijera en ese momento si iba a abandonarlo o a echarlo de la casa. ¡Pero yo estaba conmocionada! Las únicas palabras que pude expresar fueron: «No puedo respirar». Entonces comprendí lo que significaría un divorcio. La vida de una madre sola centelleó delante de mí, junto con el rostro de mi esposo en la primera página del periódico. El divorcio sería como admitir el fracaso. Quería creer que podríamos resolver las cosas, pero no lograba ver cómo. Le entregué las llaves, tomé un taxi y entré a mi nueva realidad.

Ester es una morena atractiva, siempre en sus cabales y en toda actividad comercial. Un tranquilo sábado se hallaba navegando en la computadora. Estaba feliz de al fin haber tenido un poco de tiempo para mirar un sitio popular de compras. Cuando se conectó, observó la barra de herramientas y vio el ícono titulado *Historial.*

> Mi cerebro parecía estar uniendo los puntos, como si alguien estuviera sacándome de la confusión. Pensamientos como señales de neón me dirigían. Un recuerdo reciente me pasó por la cabeza: una amiga me confesó que chequeaba el historial en la computadora de su hijo. El corazón comenzó a latirme con fuerza mientras recordaba un artículo que había leído esa semana con relación a los hombres y la pornografía por la Internet. Entonces me di cuenta de la enorme cantidad de tiempo que mi esposo pasaba navegando en la red. Recordé que cada vez que yo abordaba el tema, él se ponía a la defensiva y me acusaba, medio en broma, de mantenerlo bajo vigilancia. Tales enfrentamientos siempre me dejaron sintiendo que estaba siendo irracionalmente celosa.
>
> Pero esta vez, incluso antes de tocar el ratón de la computadora, supe lo que encontraría. Sitio tras sitio brotaron de la impresora, dando fechas y cantidad de tiempo pasado en medio de la suciedad. No había duda respecto a qué eran esas páginas. Los nombres explícitos y crudos dejaban en claro

cuál era el contenido. Observar las páginas impresas era como ver nubes negras cubriéndolo todo. Demasiadas emociones se cernían a mi alrededor como una densa niebla.

Tenía que hacer algo con la creciente tempestad y la lista. Mi lado racional intentaba darle a mi esposo el beneficio de la duda. Pero no había equivocación en lo que había estado ocurriendo en nuestra computadora tarde en la noche, incluso la noche anterior.

Después que la niebla se disipó, dudas y temores llovieron. ¿Tenía yo derecho a mirar el historial? ¿Debería revisar también cuentas telefónicas, estados de tarjetas de crédito y el maletín ejecutivo de mi esposo? Los pensamientos giraban descontrolados hasta hacerme caer desplomaba en el suelo. Soy una persona educada y, cuando se trataba de entretenimiento para adultos, era tolerante y de mente abierta. Pero eso era antes… antes de averiguar que el adulto era *mi* esposo.

Ana es una pelirroja natural. Descubrió la aventura amorosa de su marido por medio de una llamada telefónica de una de las compañeras de trabajo de él. Ana reaccionó rápidamente, con venganza e ira. Fue un trueno seguido de descargas de relámpagos.

Me hallaba tan enojada con mi esposo que patearlo resultó algo muy natural. Ni siquiera podía mirarlo. ¿Cómo podía sentir tanta repulsión por el hombre al que amaba? Lo único que podía ver era que él estaba con alguien más mientras yo era una crédula tonta en casa, sin la menor idea.

Todas las piezas cayeron de repente en su lugar. Yo había sospechado algo. Mi instinto y pequeños cambios me comunicaron que él escondía algo. Últimamente se había vuelto malhumorado y no quería hablar al respecto. Comenzó a preocuparse más por su aspecto y hasta se inscribió en un gimnasio. ¿Cuándo fue la última vez que él me había hablado de algo importante como lo que estaba pensando, quién lo molestaba en el trabajo o a dónde le gustaría de veras que fuéramos en nuestras próximas vacaciones? Sabía que algo estaba mal. Solo que creía que yo era el problema. ¡Qué tonta fui!

Lo aborrecí, pero también sentía rabia hacia la otra mujer. Ira parecía ser la única emoción a la que podía ponerle nombre. Oré porque nunca me topara con ella, porque si ese día llegaba, el resultado *no* sería bueno. De la noche a la mañana comencé a sentirme dura, fea, vieja y utilizada.

Las respuestas a las vidas secretas de los esposos son tan variadas como las mujeres que las descubren. Pero estas señoras también sienten algunas cosas en común: incredulidad inicial, conmoción, ira e incluso culpabilidad propia. Recuerdo las historias de las mujeres en el primer grupo de apoyo al que asistí. Mientras escuchaba, pensé: *La mayor parte de sus experiencias parecen mucho más graves que la mía. Después de todo, mi esposo fue sincero antes que su adicción hubiera avanzado más allá de la pornografía.* Al comparar mi historia con las de ellas y minimizar lo que mi esposo hizo, me encontré agradeciéndole a Dios que «solo se tratara de pornografía».

Sin embargo, este tipo de pensamiento es algo que debe evitarse. Comparar tu situación con la de Teresa, Ester o Ana, o con la de cualquier otra mujer no es el objetivo. Al contrario, debes buscar aspectos comunes y orar porque Dios te hable mediante otras voces. Cada vez que oigo una nueva historia, siempre hay algún detalle o alguna emoción con que puedo relacionarme. El dolor siempre es igual, aunque los detalles varían. Algunas mujeres, como yo, minimizan sus situaciones. Otras utilizan los detalles para maximizar sus situaciones; determinan que sus circunstancias son peores que las de otras mujeres, y se convierten en súper víctimas. En realidad, el dolor de la traición es brutal en cualquier forma.

Usa los aspectos comunes de nuestras historias para reconocerte, luego aprende de aquellas esposas que te han precedido. Participar el dolor nos mantiene unidas. Cada vez que empieza un nuevo grupo es palpable la tanda fresca de emociones crudas. Con la garantía de confidencialidad, cada señora se expresa, fomentando un ambiente abierto y seguro. Imagínate estando con Teresa, Ester, Ana y yo. Somos un grupo pequeño. Queremos que sepas que no estás sola. Estás a salvo y comprendemos todas las emociones que sientes.

Cuando la oscuridad de la traición cubre tu espíritu, tienes problemas para encontrar algo reconocible en tu mundo. Queremos que veas ese destello de luz que declara: «Hay un final para esta oscuridad». Si no asimilas nada más de estos capítulos, ten la seguridad de que Dios no está frustrado por lo que ha sucedido. Su plan para tu vida está asegurado. Él no quería esto, pero puede obrar por medio de ello… si le permites. Si no estás segura de creer en Dios, no te preocupes, Él cree en ti y te trajo a este lugar. «Es, pues, la fe la certeza de lo que se espera, la convicción de lo que no se ve» (Hebreos 11:1). Ahora mismo puede que no tengas esperanza para tu futuro, y es probable que todavía no veas nada bueno. Pero de todos modos ten certeza y convicción.

Después de la revelación es difícil tener seguridad de algo, a excepción del dolor. Es difícil recordar que debes comer o incluso respirar, mucho menos pensar u orar. Siempre que la situación parezca demasiado grande, ese es el mejor momento para la intervención divina. Tus primeras oraciones podrían tener más de reacción precipitada que de algo concreto: «Dios, ¡ayúdame!», y eso está bien. Las mujeres, en especial las que nos hemos criado asistiendo a la iglesia, a menudo buscamos las palabras correctas: la oración mágica que se llevará el dolor. Saltamos directamente a las mejores partes de la verdad: «Dios es Dios de amor y sanidad» y «Dios obra todas las cosas para nuestro bien». Aunque esto es verdad, no es *toda* la verdad. La Biblia no dice que podemos evitar atravesar el dolor. No conozco a alguien que haya ideado una manera de evitarlo. Pero sí dice que Dios nos guiará a través del dolor mientras suple nuestras necesidades en medio de las tinieblas. Su preocupación principal es nuestra relación con Él, no nuestras circunstancias.

Algunas esposas traicionadas creen que, por hallarse en medio del dolor, Dios está ausente o ha desaparecido. Me rompe el corazón cuando creen esta mentira. En realidad, cuando atravesamos algún dolor, encontramos a Dios en un nivel más profundo. Cuando la vida es agradable o incluso normal, nuestra experiencia de Dios a menudo es como el postre después de haber tenido una buena comida: se aprecia y saborea como una bendición. Pero cuando estamos en crisis, nuestra experiencia de Dios es como pan cuando estamos muertas de hambre; el Pan de vida es el alimento que nos mantiene vivas. Es como agua cuando estamos muriéndonos de sed; el Agua viva es de inestimable valor. Cuando el aliento espiritual se nos ha ido, Cristo actúa como nuestro próximo hálito. Lo buscamos en medio del dolor; no hay mayor consolador o consejero que Jesucristo.

La siguiente mentira que las mujeres aceptan a menudo es creer que deben culparse de alguna manera por la traición de sus esposos. Sea que concluyan que deberían ser más atractivas, estar más disponibles, ser más solidarias, delgadas, curvilíneas o menos gruñonas, la mentira es la misma: creen que la culpa es de ellas. El enemigo alimenta esta mentira con cualquiera que sea nuestra debilidad.

La mentira para mí fue la creencia secreta de que solo gente realmente hermosa encuentra felicidad. Ahora parece absurdo hasta escribirlo, pero algo profundo dentro de mí creía que yo no era suficientemente mujer.

Durante mi crianza, algunos miembros de mi familia ponían demasiado énfasis en la apariencia y el peso. Nadie me criticaba realmente, pero vi a miembros de mi familia luchar por años con problemas corporales y criticándose y criticando a otros. El mensaje era claro como el cristal. Las mujeres atractivas tenían mayor valor. Películas, anuncios comerciales, medios de comunicación y el patio de la escuela apoyaban continuamente esta creencia. Había mucha desinformación para reforzar la mentira de que belleza es igual a autoestima.

El hecho de que decenas de señoras «hermosas» hubieran entrado a nuestro grupo de apoyo ha eliminado realmente esta mentira. Nunca olvidaré mi ingreso a ese primer grupo de apoyo. Había treinta o cuarenta mujeres, ¡y todas hermosas! Simplemente no hay relación entre el atractivo de una esposa y la adicción sexual de su esposo. Quienes piensan de esta manera no comprenden cómo funciona la adicción.

La adicción sexual es simplemente que alguien utilice las drogas naturales que se encuentran en su química cerebral para evadir su dolor emocional. No tiene que ver con sexo. Volveré a decirlo porque conozco personas que tienen dificultades en captar esta verdad: La adicción sexual no tiene que ver con sexo, sino con escapar y evitar el dolor.

Cada historia que he oído empieza con que la adicción comenzó cuando el hombre era joven; en promedio su primera exposición sexual ocurrió cuando tenía entre nueve y catorce años de edad, siendo la edad más temprana a los cinco años. Por lo tanto, la mayoría de hombres ha estado profundamente en la adicción mucho tiempo antes que empiece cualquier relación real con el sexo opuesto.

Debido a que los muchachos en esas edades jóvenes se les hace difícil comprar cerveza o drogas ilegales, muchos descubren una forma diferente de atenuar el dolor o hacerle frente. Todos sus problemas parecen desaparecer por medio de la excitación sexual. Cuando miran o leen material sexualmente explícito, sus cerebros liberan endorfinas y encefalinas, lo cual los deja extasiados. Estos químicos producen sentimientos de euforia y una sensación falsa de virilidad. Los adictos son reyes en sus propias mentes.

Es importante entender la base y la naturaleza de esta adicción, no como una excusa o justificación, sino como un punto de referencia. Los hechos simplemente no apoyan la creencia de que la esposa tiene la culpa; el esposo ya era dependiente cuando llegó a ella. La mayoría de hombres pensó que la adicción terminaría una vez que se casaran. Al ser sinceros sus sentimientos de amor por sus esposas, ¿por qué necesitarían algo más que los satisficiera? La triste verdad es que la adicción ya había asumido el control.

Cuando leas otros recursos, encontrarás estas mismas realidades. Yo debí oír lo mismo repetido varias veces antes de *escucharlo* finalmente. Al oír o leer las historias de adictos sexuales en recuperación, encontré los mismos aspectos descritos una y otra vez. Por fin asimilé la verdad. La adicción de mi esposo no tenía nada que ver conmigo. Yo no estaba allí cuando comenzó. No hice nada para causarla. Además, yo no podía cambiarla.

La verdad es un sanador poderoso.

Mi esperanza es que estas páginas te den un poco de luz, o tal vez sean una voz que te susurre: «Hay esperanza y un futuro. La oscuridad actual no es eterna. La visión se te restaurará cuando encuentres la luz divina de la verdad y deseches el velo de mentiras». Sin embargo, llegar allá es un proceso. No voy a minimizar el tiempo y el duro esfuerzo que se necesitan.

¿Qué tipo de esfuerzo? Mucho esfuerzo espiritual. A pesar de que no fue parte del plan de Dios que las personas se volvieran adictas e hicieran sufrir a sus seres amados, Dios puede usar todo lo que le entreguemos para hacernos seguidoras más fuertes y fieles. A medida que aprendemos a permanecer en la arena de la verdad, cambiamos y cambia el mundo que nos rodea. Ganamos una medida de control sobre nuestras reacciones, aprendemos quiénes somos en Cristo y enfrentamos obstáculos con mayor confianza. El mundo se vuelve menos amenazante y ya no nos define.

Aprovecha esta oportunidad para ver si Dios existe realmente. A diferencia del ser humano, Dios jamás se irá ni podrá ser infiel. Permite que Él te sostenga, que cure tus lugares destrozados y que guíe tu próximo paso.

Sin embargo, no te sorprendas si oyes otra voz, la de la desesperación, que le encantaría que creas que estás sola. ¡No le creas! No tienes que estar atrapada en el sufrimiento, ni este debería definirte. Dios está contigo ahora mismo y traerá otras personas a tu vida para que te ministren y te animen. Oro porque este libro sea parte del proceso divino a medida que nos movamos juntas a lo largo de esta senda.

He aquí los primeros destellos de luz que te ayudarán a guiarte. Pronúncialos y permite que penetren tu lugar en tinieblas:

- Hay dolor.
- Hay esperanza.
- No es culpa mía.
- Nunca estoy sola.
- Puedo colocar toda mi situación en las manos de Dios.

Luces en el camino

Fíate de Jehová de todo tu corazón,
　　y no te apoyes en tu propia prudencia.
Reconócelo en todos tus caminos,
　　y él enderezará tus veredas (Proverbios 3:5-6).

> Estoy seguro de que ni la muerte, ni la vida, ni ángeles, ni principados, ni potestades, ni lo presente, ni lo por venir, ni lo alto, ni lo profundo, ni ninguna otra cosa creada nos podrá separar del amor de Dios, que es en Cristo Jesús Señor nuestro (Romanos 8:38-39).
>
> A vosotros os es concedido a causa de Cristo, no sólo que creáis en él, sino también que padezcáis por él (Filipenses 1:29).
>
> Acerquémonos con corazón sincero, en plena certidumbre de fe, purificados los corazones de mala conciencia, y lavados los cuerpos con agua pura. Mantengamos firme, sin fluctuar, la profesión de nuestra esperanza, porque fiel es el que prometió (Hebreos 10:22-23).
>
> Él dijo: No te desampararé, ni te dejaré; de manera que podemos decir confiadamente: El Señor es mi ayudador; no temeré lo que me pueda hacer el hombre (Hebreos 13:5-6).

Tu diario personal

Cuando empieces a escribir tus pensamientos acerca de lo que ha sucedido, anota tus respuestas a las preguntas que hay a continuación. Sé sincera respecto a todos los sentimientos y al dolor. Si dudas incluso de la existencia de Dios, escribe eso y díselo. Toma todos los pensamientos que revolotean en tu mente y plásmalos en el papel. Una vez hecho eso, míralos y observa lo que se destaca. Ahora ponlos en las manos de Dios, y observa lo que Él hace.

1. ¿Cuáles fueron tus pensamientos y sentimientos iniciales en el momento que descubriste, o que tu esposo te reveló, su adicción sexual?
2. ¿Dónde sientes que Dios está en tu situación ahora mismo?

CAPÍTULO 2

Amortajada

En espera de dirección

No es fácil esperar dirección. Cuando me envolvió la oscuridad de la traición, quedé allí en las tinieblas, sabiendo que debía reaccionar. ¿Pero cómo? Mi reacción inicial fue ofensiva, como ocurre con la mayoría de mujeres. Suele basarse en el miedo y proviene de varios grados de dolor e ira. Tenemos miedo a lo desconocido: qué sucederá después. Las dudas sobre cómo tomar las decisiones correctas nos dejan confundidas. Incapaces de decidir qué camino seguir, vamos de un lugar a otro en medio de un remolino de emociones.

En el momento de la oscuridad nos enojamos con nuestros esposos, con las demás personas involucradas y con Dios. Luego el enojo se transforma en miedo, el cual se une a cualquier cantidad de asuntos preexistentes como baja autoestima («¿hay algo malo en mí?») o falta de dominio propio («¿cómo podré devolverle la herida?»). Todas estas emociones y estos problemas fácilmente pueden llevar al cónyuge traicionado a realizar acciones precipitadas que pueden ocasionar aún más daño a todas las partes involucradas. El grado de perjuicio continuo parece depender de nuestra reacción inicial, por lo que el objetivo es minimizar el daño que ocurre en el momento en que aparecen las tinieblas.

En más de una ocasión me he visto en un garaje extremadamente oscuro, atrapada allí después que la puerta automática se ha cerrado. Por eso sé lo importante que es moverse poco a poco, buscando el camino hasta poder orientarme («allí está la cortadora de césped... después debe estar la bicicleta de mi hija... ah, aquí están los escalones para entrar a la casa») hasta que mis ojos se ajusten, o yo encuentre una fuente de luz.

Después de la revelación de Dave quedé atrapada en una serie de opciones posibles. Debo confesar que ante mi dolor me sentí muy tentada a ceder a una reacción visceral sin pensar en las consecuencias. Nuestra tendencia es buscar soluciones rápidas en todos los lugares equivocados (emociones, amistades, soluciones que funcionaron en el pasado) en lugar de esperar que la mejor opción se revele mediante una búsqueda cuidadosa. Lleva tiempo ajustar los ojos a la oscuridad. Confiar solo en lo que creemos saber puede causar fácilmente más explosiones y golpes. Cuando me veo atrapada en ese garaje, tengo que considerar la posibilidad de que alguien pudo haber dejado la podadora frente a los escalones. En un oscurecimiento espiritual debemos identificar, reconocer y quitar obstáculos que puedan conducir a más daño. Entregarnos por completo a la dirección de Dios es la única manera en que podemos abrirnos paso a lo largo del camino oscuro. Pero todo en nosotras nos grita que entremos en pánico y nos movamos alrededor en medio de la oscuridad hasta encontrar nuestra propia salida. Ese pánico y ese movimiento son la razón de que sea tan importante esperar antes de actuar. Debemos poner un espacio emocional después del oscurecimiento, pero antes de la decisión apresurada. Alejarnos emocionalmente del dolor nos permite mirar la situación con cierta objetividad. Debemos poner toda la energía gastada en nuestro pánico emocional en escuchar la voz sanadora de Dios. Déjale que guíe tu camino, aunque no sepas a dónde lleva. Espera y observa lo que solo Él puede hacer.

¿Cómo sé si fue Dios o si fui yo quien ejercía el control? La mejor manera es esperar que la Palabra de Dios, el aporte del pueblo de Dios (creyentes maduros) y el Espíritu de Dios estén alineados. Cuando la respuesta que estaba pensando fue confirmada por la Biblia, por otros en quienes yo confiaba y por una sensación de paz respecto a la decisión, entonces pude avanzar con confianza.

Otra razón por la que debí buscar la guía de Dios se basa en la naturaleza de la adicción. Debido a que había estado viviendo con un adicto, ciertos patrones se habían fijado en la relación de Dave y yo. Más adelante hablaremos de estos patrones, pero lo importante es que Dios puede utilizar la revelación como el catalizador para buscar, reconocer y cambiar tales patrones y para la sanidad final. Debí estar dispuesta a dejar que Dios me mostrara mi propia parte en lo enfermizo. Aunque las esposas de ninguna manera somos responsables por la adicción de nuestros esposos, siempre tenemos nuestros propios problemas que abordar. Mi reto era determinar lo que me había mantenido tanto tiempo en la oscuridad.

Al principio quise enfocarme en lo que mi esposo había hecho. Esa es la tendencia más común y segura de las esposas traicionadas. Insistir en nuestra inocencia y apuntar con el dedo se siente *muy* bien. Pasé mucho tiempo recordándole a Dios todas las formas en que había sido una esposa fiel y amorosa. Dios escuchó con paciencia y después me reveló tiernamente la verdad.

Siempre había sabido que era responsable por mis reacciones, mis respuestas y mi relación con Cristo. Sé que un día estaré delante del Señor y rendiré cuentas. Nadie más estará conmigo. No puedo culpar a mi esposo por las decisiones que he tomado. No hay nadie sin pecado, ni siquiera yo. Sabía que esto era cierto, pero quise aplicar una escala proporcional para medir mis pecados «pequeños». Así que le pregunté a Dios: «¿Por qué no pude haberme casado con alguien poco pecador como yo?». Estuve estancada allí por un tiempo. ¿Cómo pudo Dios dejar que me casara con este hombre? ¿Por qué su adicción no apareció años antes? Estaba llena de preguntas.

Dios escuchaba.

Entonces con ternura y suavidad me mostró cómo se veían las cosas desde su posición estratégica. *Pecar* significa «errar el tiro» y abarca más de lo que yo podía pensar, no solamente los pecados «graves» como asesinato y adulterio. Una actitud de superioridad, por ejemplo, es errar el tiro: «Mis pecados son minúsculos en comparación con los de mi esposo». Esa creencia me impedía recibir todo lo que Dios quería para mí, como llegar a parecerme más a Cristo, y obstaculizaba mi proceso de sanidad.

Otra manera en que erraba el tiro era apoyándome en mi propio entendimiento, el cual es muy limitado. Lo que debe hacerse no siempre tiene sentido para mi manera limitada de pensar. La pura verdad era que cada vez que decidía no seguir a Cristo, era desobediente y estaba en pecado.

Dios me mostró que *todo* pecado me separa de Él, y que cada pecado tiene el mismo e incalculable precio: la sangre de su Hijo. Aunque mi pecado tal vez no tenga las mismas consecuencias de otros, es igual de costoso para Dios. Mi responsabilidad empieza y termina únicamente con mis opciones en presencia del Todopoderoso.

Volvamos a las tres damas en nuestro pequeño grupo de apoyo y escuchemos sus opciones.

Al enfrentarse con la realidad después del arresto de su esposo, Teresa no sabía qué camino tomar. Incluso después que su esposo confesara todo, ella supo que debía tomar algunas decisiones, pero se sintió paralizada. No conseguía ver cómo Dios podía redimir alguna parte de la situación en que se hallaba. La mujer ya no estaba segura respecto a quién era Dios. ¿Cómo pudo Él permitir que esto sucediera?

> Tras regresar a casa de recoger a mi esposo en la cárcel, sentí que me habían noqueado permanentemente. Quise irme a dormir para nunca más despertar. No estoy segura de que me hubiera levantado en absoluto si no hubiera sido por los niños. Mi única certeza era que no quería estar cerca de mi esposo. Le pedí que durmiera en el cuarto de huéspedes. Los niños era la única razón por la que no le pedí que se fuera, y un harapo de esperanza.
>
> Oleadas de dolor me invadieron y me sentí incapaz de evitarlas. Necesité toda pizca de voluntad para alimentarme. Bajé de peso y me sentía agotada. Lo único fácil para mí era llorar. Estaba consciente de que debía hacer algo, pero ¿qué? Pensé que tal vez debía centrarme en todas las cosas buenas que mi esposo había hecho en el pasado. Después de todo, él no era tan malo. Quizá si oraba más, eso me ayudaría. Pero no sentía ganas de orar.
>
> Siempre había algo que producía otra oleada de dolor. Pagar para sacar el auto de los predios municipales. Conseguir un abogado. Ir al tribunal. Una conocida mía averiguó

> lo que había ocurrido. Reunirse con el pastor. Más preguntas. Estaba segura de que las líneas de comunicación con el cielo se habían cerrado y actué torpemente. Pensé que Dios debió abandonarme, sin embargo, aún quería oír su voz. Algo me decía que aguardara.

Ester había decidido que después que confrontara a su esposo con su uso de pornografía por Internet, ella se llenaría de dolor, pero pondría toda su energía en ayudarlo a seguir adelante. Atacaría este problema como cualquier otro: con educación y lógica. Pensó que únicamente su esposo tenía un problema, pero que ella podría ayudarle. Permanecería con él sin importar qué pasara, pues sabía que Dios aborrece el divorcio.

> Cuando le mostré la lista a mi esposo, su reacción me agarró desprevenida. Se volvió hacia mí, llamándome entremetida… y cosas peores. Así no es como imaginé que resultaría el análisis. De pronto mis problemas eran mucho más grandes. Decidí que lo mejor sería investigar, compré todos los libros que pude hallar sobre la adicción sexual. Incluso hice copias de páginas clave y las dejé en lugares donde mi esposo las viera, con la esperanza de que se interesara en leerlas.
>
> Realicé un análisis crítico a mi apariencia, que provocó algunos cambios. Sin duda algo de ropa más sexi ayudaría a mantener el interés de mi esposo. Pensé en la cirugía plástica. También me aseguré de estar sexualmente disponible en todo momento. Todos los esfuerzos no hicieron más que enojarlo y retraerlo. Simplemente debía encontrar la táctica correcta…

Después de la llamada de la compañera de trabajo de su esposo, las decisiones de Ana se basaron más en instinto que en reflexión. Dejó que su dolor se expresara.

Lo único que quería hacer era vengarme. No tomé tiempo para pensar en las consecuencias. Después que descubrí la aventura amorosa de mi esposo, me hallaba tan enojada que lo único que deseaba era acabar con él. Todo lo que hice estaba orientado en vengarme de él. Creía que esto me haría sentir mejor. Deseaba devolverle algo del dolor que me había ocasionado.

Entonces para vengarse de mí, mi esposo me envió los documentos para el divorcio. ¡Todo había sucedido demasiado rápido! En realidad, yo no quería el divorcio. Quería demostrar algo, vengarme y obtener el control, así es, ¿pero el divorcio? ¡No!

Pues bien, si eso es lo que él quería, entonces yo conseguiría el mejor abogado en divorcios de la ciudad y obtendría la mejor remuneración de la historia. Si él quería pelea, yo se la daría. Estaba segura de que ningún juez estaría de *su* parte. Él *me* había abandonado y solo me interesaba que el tribunal le hiciera pagar.

Entonces, pocos días después, entré a la cafetería de nuestra localidad y vi a mi esposo con esa mujer. Tuve que salir. Mi rabia hervía como lava derretida. Estaba consciente de que si abría la boca, no saldría más que odio ardiente. Me sorprendió lo agitada que me hallaba por mis pensamientos, imaginando en detalle lo que ansiaba hacerle a ella. ¿Cómo llegué a este lugar? ¿Cuánto tiempo tendría que vivir con este sabor amargo en la boca y esta sensación espantosa en el estómago?

La decisión de dejar que Dios haga la obra de reconstruir tu matrimonio requiere fe y se necesita fuerza de voluntad para seguir tomando esa decisión una y otra vez. La tendencia de tomar las cosas en nuestras propias manos es mucho más fácil. Algunas mujeres, al igual que Teresa, buscan protección propia y caen en el papel de víctima. Otras, como Ester, tratan de entender o, de alguna manera, averiguar lo que sucedió. Sin embargo, tratar de darle sentido a la adicción sexual es inútil, porque la adicción es locura. Carece de sentido el hombre que renuncia a su amante esposa para estar consigo mismo o con alguna extraña. Aún otras mujeres, al igual que Ana, actúan por impulso.

Cuando tratamos de tomar el control de nuestras crisis, por lo general recurrimos a métodos poco saludables. Las mujeres como Ana explotan; muchas como Teresa se arrinconan y se ponen en peligro de derrumbarse; algunas como Ester racionalizan. Minimizar y espiritualizar son otros medios de negación, lo cual se analiza más adelante. La culpa no es un mecanismo de confrontación tan flagrante como la furia explosiva, pero no es menos destructiva. Cualquier método, o cualquier combinación de métodos, solo es una forma de negación para eludir la realidad y, por tanto, se basa en mentiras. Cualquier método de evasión solo agrava nuestro problema y nos mantiene tropezando en medio de la oscuridad.

Teresa, por ejemplo, cayó en una especie tanto de retraimiento como de victimización. Su negación también la llevó a minimizar para no tener que lidiar con un trauma. Minimizó al tratar de diluir las malas decisiones de su marido con las buenas que había realizado. Sin embargo, en realidad tales acciones eran independientes unas de otras; las buenas decisiones no eliminan las malas.

La lista de declaraciones de minimización y racionalización es larga. Algunas son: «Podría ser peor», «Comparado con otros hombres, él no es tan malo» o «Nadie es perfecto». Teresa racionalizó entonces sus propias decisiones como algo necesario para proteger a sus hijos. No obstante, las decisiones que tomamos deben basarse en la verdad. Después hablaremos más acerca de los hijos, pero por ahora basta con decir que ellos no deben ser utilizados para eludir la verdad.

Otro modo de minimizar, con un poco de racionalización, es convencernos de que la pornografía no es tan mala. Encontrar apoyo para esta posición es fácil, especialmente entre observadores casuales. Mucha gente siente que la pornografía es entretenimiento inofensivo que no hace daño a nadie. Pero estas personas no son las esposas de los usuarios habituales de la pornografía y tampoco tienen razón. Simplemente no han visto de primera mano la destrucción que las familias sufren después que la adicción a la pornografía queda al descubierto. Tampoco hacer caso omiso a la relación entre la pornografía y los violadores cambia el vínculo fáctico y estadístico. Estudios han mostrado que los hombres que ven regularmente imágenes sexuales sienten menos respeto por las mujeres. Estos hombres se condicionan a despersonalizarlas y pueden volverse cada vez más violentos con ellas. Minimizar y racionalizar el uso de pornografía también incluye crear excusas para la conducta del esposo: «Después de todo, él está bajo mucha tensión y necesita un alivio», o «Por lo menos viene a casa a estar conmigo».

El sentimiento de culpabilidad es una de las mentiras más sutiles que nuestro enemigo susurra en la oscuridad. La mayoría de esposas traicionadas ha terminado tratando de competir con «eso», aunque no estuviera segura de qué era «eso». Algunas mujeres quedan incluso atrapadas en la adicción, aceptando ver pornografía con sus maridos y diciéndose que sus vidas sexuales mejorarán. La mayoría de ellas termina sintiéndose usadas y baratas cuando se hace evidente que para sus esposos el acto sexual tiene que ver con alimentar una adicción física y no con una relación entre ambos a nivel del corazón.

La espiritualización es otra mentira sutil. Tomamos un poco de verdad acerca de Dios y la torcemos para que nos ayude a lidiar con la situación y no tener que tratar con el dolor. Por ejemplo, Teresa sabía que Dios obra todas las cosas para bien. A pesar de que las palabras son ciertas, no lo fue la forma en que las interpretó. Dios obra en nosotros y a través de nosotros, no a pesar de nosotros. Teresa estaba esperando que Dios se encargara de todo mientras olvidaba que ella tenía un papel que representar. Él obra todas las cosas para bien, pero solamente las que rendimos a su control. Es difícil entregarle el control y dejar que guíe el procedimiento, pero Dios no puede obrar sin nuestra obediencia y confianza. Pronunciar la oración correcta, conocer la Biblia de memoria y amar al Señor no significa que podamos evitar el dolor. Jesucristo no elimina el sufrimiento; camina con nosotros y nos sostiene en medio del dolor.

En su caso, Ester trató de encargarse de la sanidad de su esposo por medio de la racionalización. Pensó que podía cambiarlo si lograba encontrar el artículo adecuado o el enfoque lógico. Siguió tratando de encontrar su propia respuesta, sin querer ver lo que Dios deseaba mostrarle. Cuando intentamos resolver una crisis a nuestra manera, es inevitable que tomemos malas decisiones, a pesar de que Dios no las desea. Aquel que conoce todo no nos quitará nuestro libre albedrío, pero nos tomará de la mano y caminará con nosotros a través de las pruebas que llegan como resultado de errores cometidos.

La culpa como mecanismo de respuesta no siempre es tan explosiva como el caso de Ana. A veces el resentimiento arde como lava debajo de la corteza terrestre y cada humillación que la esposa herida recuerda produce más presión debajo de la superficie. Cualquier persona, el esposo, la otra mujer, amigos bien intencionados, que podrían caminar cerca del calor resultan quemados. La quemadura por lo general se produce por medio de sarcasmo, crueldad e incluso impiedad que sale a la superficie. Los hijos también resultan salpicados con lava si mencionan algo acerca del papá o si actúan debido a la ansiedad. Sea que explote o queme, la culpa trata de volver el enfoque hacia otra parte.

Permíteme decir algo aquí respecto a juzgar al adicto al sexo. Solo tiene sentido mirar ciertos comportamientos, incluso los nuestros, como decisiones buenas o malas. Todo individuo que practique actividades sexuales extramaritales ha tomado una mala decisión. Decir o pensar eso no es ser críticas, es notar una realidad. Echar la carga sobre nosotras para «arreglar» a alguien más, o para administrar castigo *es* ser críticas. Cada una de nosotras es responsable por trabajar en nuestros pensamientos y comportamientos. En realidad, esta es una labor de por vida y nunca acabará en nosotras mismas. Sin duda no estamos calificadas para arreglar a nadie más, así que es mejor dejar los juicios a Dios. Él es el único plenamente competente y justo.

Entonces, la culpa es una táctica engañosa. Aunque se siente bien, el hecho de que una esposa se enfoque en el comportamiento de su esposo le impide ver el suyo propio. A pesar de que no hicimos nada para causar la adicción o aventura amorosa de nuestros esposos, somos responsables por nuestras reacciones. Y allí es donde podemos empezar.

Cada uno de los métodos ya mencionados se basa en mentiras sutiles, es una forma de negación y de evitar algunas realidades o todas. He oído muchas razones para usar tales métodos, pero nunca oí una basada en la verdad completa. Usar cualquiera de estos métodos solo retrasa la necesidad de hacer frente a la dolorosa realidad de la situación y dejan a la esposa sintiéndose impotente y derrotada.

Nada funciona mejor que reconocer tanto las mentiras como la verdad. La total sinceridad es el único camino para avanzar hacia la sanidad. Volver a la senda de la sanidad desde el desvío de la negación es solo una parte de la solución. Un camino igualmente necesario se encuentra en la introspección. Este también puede ser territorio peligroso porque, a menudo, trae consigo una avalancha de dudas o conclusiones erróneas. En mi caso, la introspección al principio solo reveló oscuridad y temor. Aunque estaba tratando de confiar en Dios, un manto de mentiras seguía cayendo sobre mí y no podía revisarlas todas a la vez.

Me decía que la adicción de mi esposo no tenía que ver conmigo, pero seguían apareciendo todas las antiguas mentiras que sentía respecto a mí misma. La voz de la desesperanza me decía que yo no podía estar a la altura. Trataba de convencerme mientras me volvía más crítica de mi aspecto, mi peso y mis defectos. Mi imaginación era una tortura. Todos los días me preguntaba acerca de los atributos físicos de las mujeres que mi esposo había visto y cómo debo palidecer en comparación. Esto me condujo a profundizar en patrones malsanos, hasta que ni siquiera podía comenzar a encontrar los primeros rayos de la luz de la verdad.

En este punto debo agregar una advertencia. Las mujeres heridas son sensibles a una aventura amorosa. Un poco de atención del hombre equivocado puede ser como agua para una esponja seca. Nuestra necesidad de seguridad está en su punto más alto: «Si otro hombre se siente atraído hacia mí, debo estar bien». No hace falta mucho esfuerzo para que una autoestima destrozada que fue colocada ingenuamente en la mano de un esposo sea puesta en las manos de otro hombre. Más bien se necesita estar en las manos de Dios, el único lugar en que hallaremos nuestro valor. Añadamos a la vulnerabilidad falsa justificación («solamente estoy haciendo lo que hizo mi esposo») y nos habremos desviado por otro camino equivocado. Ten cuidado de no cambiar una herida por un paquete completo de otras.

No obstante, el apoyo de un cristiano piadoso y fraternal puede ser sanador. Trátese de un consejero, un pastor o un amigo, este hombre debe ser suficientemente maduro para mantener los límites apropiados. Si no es así, debes huir hacia otro lado. En mi caso, el apoyo vino de un hombre que está recuperándose de la adicción al sexo (todos los adictos están recuperándose un día a la vez por el resto de sus vidas) y cuando le oí confirmar la experiencia de mi esposo, esto fue sanador para mí. Sus palabras dejaron entrar algo de luz a través del velo de mis muchas dudas persistentes. El hombre declaró enfáticamente que ni las imágenes ni la actuación podrían compararse alguna vez con la realidad. La fantasía es un escape y una falsa intimidad que deja al individuo espiritualmente vacío. Leí palabras similares, pero oírlas de otro hombre fue algo poderoso. La verdad me liberó de tratar de competir con la fantasía y me permitió abandonar la mentira de que, de alguna manera, yo tenía la culpa.

Dios usó a este hombre para mostrarme cuánto tenía yo para ofrecer a mi esposo. La falsa realidad sexual de Dave nunca podría compararse con la relación de amor verdadero que satisface el alma, como tampoco una foto o una sábana pueden proporcionar la misma calidez de lo real. Yo podía ofrecer la belleza perdurable del amor y el compromiso que va más allá de todo lo que es meramente físico. La compañía y el apoyo son los verdaderos lazos que atan a dos personas de por vida. La intimidad viene de esta relación del corazón y el sexo marital es la expresión física de esta cercanía emocional y espiritual. Enfocarse solo en lo externo es incompleto; no podemos usar el sexo para retroceder hacia la auténtica intimidad. Esta falta de intimidad es lo que el mundo ofrece, y es vana y distorsionada en comparación con el amor verdadero que Dios destinó para esposos y esposas.

Cometí la equivocación de poner gran parte de mi autoestima y felicidad en mi esposo, y esperé que él me hiciera sentir valiosa, deseable y significativa. Él era mi Dios. Cuando mi ídolo demostró tener pies de barro, el descubrimiento de pruebas alimentó mis dudas personales. Muchos cordones de seguridad, erróneamente vinculados a mi esposo, debían ser desconectados y enchufados en la fuente correcta: el poder de Dios.

Sin embargo, ¿cómo podía Cristo hacerme sentir realizada y darme significado? Yo tenía que confiar en Él. Forjar esa confianza no fue un proceso simple, pero Cristo esperaba con paciencia que pusiera todo mi ser en sus manos. Yo había esperado que mi esposo llenara un lugar que nunca llenó, porque solo Cristo, como el Único que conoce plenamente los deseos de mi corazón, puede satisfacer por completo mis necesidades. Cuanto más fuerte me agarré de esta verdad, mejor podía permanecer sola y menos me afectaban las decisiones de mi esposo.

Cristo demostró a diario que es digno de confianza. Independientemente de las decisiones de mi esposo, la seguridad era mía en Jesús. Él era realmente todo lo que yo necesitaba. A medida que la luz de Dios penetraba las cavidades más oscuras de mi negación, una a la vez, mi visión mejoraba. Estos destellos iluminaron mi sendero, mejorando para siempre el modo en que veo el cuadro de mi vida y mi futuro.

- Soy responsable de mis reacciones.
- Soy responsable solo de mí.
- Dios es todo lo que necesito.
- Nada es demasiado grande para Dios.
- Puedo confiar en Dios para todo.
- El amor de Dios por mí no es condicional.

Luces en el camino

Temblad, y no pequéis;
meditad en vuestro corazón estando en vuestra cama,
y callad.
Ofreced sacrificios de justicia,
y confiad en Jehová (Salmos 4:4-5).

Guarda silencio ante Jehová,
y espera en él (Salmos 37:7).

Los labios de la mujer extraña destilan miel,
y su paladar es más blando que el aceite;
mas su fin es amargo como el ajenjo,
agudo como espada de dos filos (Proverbios 5:3-4).

¿Por qué miras la paja que está en el ojo de tu hermano, y no echas de ver la viga que está en tu propio ojo? ¿O cómo puedes decir a tu hermano: Hermano, déjame sacar la paja que está en tu ojo, no mirando tú la viga que está en el ojo tuyo? (Lucas 6:41-42).

> ¿Quién nos separará del amor de Cristo? ¿Tribulación, o angustia, o persecución, o hambre, o desnudez, o peligro, o espada? (Romanos 8:35).

Tu diario personal

Durante esta semana escribe en tu diario tus pensamientos acerca del matrimonio y el plan de Dios para este. Procesa algunas de las expectativas que llevaste contigo a tu matrimonio: ¿Cuáles eran? ¿Cómo se compararon con la realidad? ¿Cómo te sientes ahora en cuanto a esas expectativas? Lamenta la pérdida de la historia de la Cenicienta y la imagen de la familia perfecta. Ahora deja que Dios traiga otra imagen. Confía en que, a pesar de que en este momento no puedas ver todos los detalles, Dios sí los ve. Cree que Él puede utilizar hasta la situación más sombría. Conoce las promesas que Dios tiene para ti y tu futuro, y luego pon tu confianza en Él, que es donde hay seguridad.

Ora que Dios te abra los ojos. Escribe las conductas de tu esposo aparte de sus buenas intenciones, promesas o explicaciones. Lo que él *hace* es la verdad. Las palabras de un adicto no significan nada en este momento. El adicto desea mantenerte en el mundo subjetivo de los sentimientos y las emociones. Trata de permanecer en el mundo objetivo de la verdad. Las acciones de tu esposo son observables. Si continúa en comportamientos malsanos, entonces sigue siendo pernicioso… independientemente de lo bueno que pudo haber hecho la semana pasada.

Pide a Dios en oración que te dé *su* corazón para con tu esposo. Tomará tiempo que esos sentimientos de amor se pongan al día con tus decisiones. Mientras tanto, ora pidiendo sabiduría para saber cuándo y dónde invertir tu amor. Antes de arriesgar más tu corazón, date tiempo para sanar y observar un cambio de actitud tanto en ti como en tu esposo. Y desde ahora y para siempre, permite que Cristo sea tu primer amor.

Cuando Dios te revele una mentira (acerca de ti; acerca de tu valor para Él como su hija, o para tu marido como esposa y amante; acerca del sexo, el matrimonio o cualquier otra cosa), escríbela y luego busca pasajes bíblicos que reemplacen esa mentira con la verdad. Una concordancia, una Biblia temática o tal vez alguien que conozca la Biblia podrían ayudarte a hacer esto. Este es un ejercicio poderoso y te animo a hacerlo a partir de este momento. A medida que leas la Palabra de Dios, Él te abrirá continuamente los ojos ante conceptos erróneos. La única manera de combatir una mentira es con la verdad.

CAPÍTULO 3

Primeras señales

Obstáculos a la vista

Nadie sobrevive sin enfrentar algunos *obstáculos*. Estos peligros son colocados de manera estratégica por el padre de mentiras y se basan en engaños. Muchas mentiras vienen de nuestras experiencias pasadas, de mala información o de nuestras propias suposiciones. Tales dificultades se han añadido desde cuando éramos niñas y son consecuencia de vivir en un mundo devastado.

Aunque algunos de estos obstáculos son evidentes, lo cual debería facilitar su identificación, a menudo pasan sin darnos cuenta o les hacemos caso omiso. Algunos podrían incluso estar ocultos debajo de otros objetos, fuera de la vista. Sin embargo, en Cristo tenemos un guía diestro y un mapa exacto en su Palabra. Cuando llegamos a conocer a Cristo y su Palabra, Dios hace gradualmente visibles los peligros para que podamos evitarlos o reemplazarlos con la verdad. Paso a paso el proceso lento y suave tiene lugar a medida que permitimos que Dios sea nuestros ojos.

Las mentiras del enemigo nos dejan sensibles a sus maquinaciones y nos sacan de curso. Cuando él desee desanimarnos, o volvernos negativas o desesperanzadas, simplemente ubica una gran mentira en nuestro camino para hacernos tropezar. Esta podría ser una voz tenebrosa que declare cosas como: «No puedes hacer eso», «¿Quién te crees que eres?». O podría manifestar: «Adelante, lo mereces», o «Un poco no te hará daño». El padre de mentiras pasa de decirnos: «Eres la dueña de tu propia vida», a «Eres una inútil». En el campo de la mentira no hay coherencia… ni reglas. El enemigo utilizará todo lo que sirva para apartarnos de lo que es correcto, honorable y bueno. Él trata de mantener nuestros ojos con anteojeras e intenta que nuestros pies tropiecen en los obstáculos.

Para algunas, las mentiras más poderosas son la que producen miedo. Para otras son las que producen ira, desesperanza o alguna otra emoción tenebrosa. Cuando Satanás hala sus hilos de mentiras, somos como marionetas en cuerdas, alejándonos de cualquier cosa que Dios está llamándonos a hacer. A menos que identifiquemos la mentira detrás de la emoción, esta última parece más grande que Dios. A pesar de lo fuerte que sea nuestra fe o nuestro deseo de no ser movidos, nuestras acciones hablan más fuerte y al contrario.

Nuestros ojos solo pueden ser abiertos cuando creemos con confianza absoluta que Dios es todopoderoso, misericordioso y que todo lo sabe. Solo Él tiene las respuestas y el plan para nuestras vidas. Cuando esta verdad poderosa pasa de la teoría a la realidad, no hay temor más grande que Dios. Es importante entonces identificar, aunque sea una sola mentira y reconocer su poder.

¿Cómo identificamos mentiras cuando somos demasiado ciegas para ver? Dios tiene que mostrárnoslas. Una vez que Él nos abre los ojos a ellas, podemos cortar la cuerda de esa mentira para que ya no tenga el poder de movernos. Centrarnos en la verdad nos mantiene en la mano de Dios donde pertenecemos. No obstante, las mentiras toman muchas formas y se necesita tiempo para identificarlas; es un proceso de toda la vida. Podemos agradecer que Dios sea paciente.

Teresa estaba hundiéndose más y más en la depresión, paralizada todavía por su dolor y estancada en arenas movedizas emocionales.

> Estaba segura de que yo era el problema. Mi autoestima, que para empezar no era muy fuerte, se debilitó aún más. Después del nacimiento de nuestro segundo hijo, gasté energía en otras personas y simplemente me dejé llevar. Mi esposo viajaba y yo me quedaba en casa con mis dos niños pequeños, por lo que solía estar demasiado ocupada para pensar. Parecía que lo

único que hacía era desahogarme satisfaciendo las necesidades de alguien más. Creí que era buena esposa y madre. ¿Cómo llegué a este lugar? Me siento vacía y sola, esperando tan solo el juicio de mi esposo y los resultados de mi prueba de sangre para ver si tenía alguna enfermedad de transmisión sexual. Si esto no es el fondo, no sé cuál es.

En algún lugar del camino me perdí. Cuando sentí que ni siquiera podía mantener sexualmente el interés de mi esposo, necesité apoyo de mi vida emocional. No quería tener nada que ver con él, pero el pensamiento de vivir sin él era realmente aterrador. No había manera en que yo pudiera proveer para mis hijos. Me sentía atrapada, pero no parecía capaz de tomar una decisión. Me preguntaba quién era yo, en quién me había convertido.

Debido a que no podía pensar en ningún otro lugar, busqué hasta encontrar mi antigua Biblia de estudio de la universidad y la abrí. Leer los Salmos me asombró: este libro escrito hace miles de años hablaba de *mi* vida. No sé cuánto tiempo permanecí allí leyendo, pero seguí las notas de un pasaje al otro hasta que mis ojos ya no podían permanecer abiertos. Leer las amorosas palabras de Dios me hizo pensar que tal vez podía dar mis primeros pasos y tratar de salir de mi foso emocional.

Ester redobló sus esfuerzos por arreglar su situación. A pesar de que su esposo parecía estar evitando el problema, ella estaba decidida a buscar ayuda. Puso un filtro en la computadora y luego encontró un grupo de apoyo en una iglesia local. Halló un consejero y siguió leyendo libros sobre la adicción sexual. Este era su método infalible de ayudar a su esposo.

Me hallaba muy emocionada por unirme a un grupo de apoyo. La primera noche fue poderosa. Al entrar, casi me detuve en seco; había veinte o treinta mujeres atractivas. Me enteré que muchas tenían educación universitaria. ¿Me hallaba en el lugar correcto? Sin duda las mujeres cuyos maridos luchan con la adicción sexual parecerían desaliñadas y simples. Mis pensamientos traicionaron lo que yo creía. Incluso después de leer más de una vez que esta adicción no tiene nada que ver con la atracción, no lo había aceptado hasta ese momento. Muchas de esas mujeres podían haber sido modelos.

Al salir de esa primera clase, tuve esperanza. Las líderes eran mujeres que habían sobrevivido. Sin duda podían ayudarme a componer a mi esposo. Apenas podía esperar la semana siguiente para aprender los secretos que tenían.

A medida que el polvo se asentaba alrededor de Ana, comenzó a arrepentirse de sus reacciones explosivas.

Dios me mostró lo controladora que había sido. Sí, fui traicionada, pero comencé a ver que no había excusa para mi rabia y mi actitud de superioridad moral. Gracias a mi bocaza, mi esposo no era el único que lastimaba a la gente. Yo había contagiado con mi enojo a mis dos hijos adolescentes, quienes ahora estaban sufriendo sus propias heridas. El mayor se puso de mi lado y estaba resentido con su padre; el menor estaba enfadado con su papá y conmigo.

Ellos también estaban heridos debido a mi necesidad de vengarme. Después de sospechar por primera vez que mi esposo estaba teniendo una aventura amorosa, él lo admitió en seguida. Dijo que lo sentía de veras, pero no podía ayudarse a sí mismo. Él quería detenerse y salvar nuestro matrimonio. Yo era la que decía que el matrimonio había terminado. Al recordar, mi esposo parecía realmente quebrantado. Incluso se abrió y me habló de cómo y por qué había sucedido el lío amoroso. Yo lo recompensé gritándole y diciéndole lo canalla que era. Ah, ¡si solo pudiera haber controlado mi temperamento! En lugar de eso, lo pateé mientras se hallaba derribado. No es de extrañar que quisiera deshacerse de mí.

Ser desviada del curso por los obstáculos empieza tan pronto como somos lo suficientemente mayores para entender la desilusión. La mayoría de personas entra al matrimonio habiendo tenido ya muchos giros errados en el sendero general de la vida. Por supuesto, la traición por parte de un ser querido no ofrece ningún momento positivo hacia adelante. Esta profunda desilusión tiende a arrojar todo tipo de obstáculos. Puede lanzarnos a zanjas anteriormente cavadas por baja autoestima, conversaciones negativas, pérdidas anteriores o maltrato. Desde el fondo de la zanja, el camino de la sanidad se siente totalmente inalcanzable.

Los obstáculos de Teresa eran la mentira «yo soy el problema». Todo lugar inseguro anterior se convirtió en una razón para sus problemas. El padre de mentiras le susurró: «No eres productiva», «No eres interesante» y «Te has descuidado». Ella sabía por años que no podía dar la talla, por lo que la traición de su esposo simplemente apoyó su baja autoestima existente y su mala imagen corporal, ahondándola más en ese desvío bien transitado de aborrecerse a sí misma.

Ester, por otra parte, encontró el obstáculo marcado: «Yo no soy el problema». Las mentiras que escuchó incluían: «Toda la culpa es de mi esposo», «Me corresponde arreglarlo» y «Su sanidad depende de que yo sea una gigante espiritual». Para ella, estas mentiras parecían dirigir su viaje a un destino de necesidad de al menos parecer perfecta y a su fuerte deseo de controlar.

Ana simplemente creyó la mentira acerca de las pelirrojas: ella está a merced de su ira. Su familia y sus amistades reforzaban este obstáculo cada vez que ella explotaba. En momentos de tensión solo había un camino por el que Ana siempre iba: directo a la rabia.

Si «Yo no soy el problema», «Yo soy el problema» y «No tengo el control» son cada uno un obstáculo, ¿dónde está el verdadero sendero? Descansa en algún lugar intermedio. Ninguna mujer causó jamás la adicción sexual de su esposo. La mayoría de hombres llegó ya adicto a sus esposas. Tampoco nadie es totalmente inocente. Las esposas entramos al matrimonio con nuestros propios equipajes. Ambas declaraciones son verdaderas e independientes entre sí. En nuestro quebranto permitimos que la disfunción continúe en nuestro hogar al no reconocer o cuestionar comportamientos malsanos.

Una razón de que a menudo no veamos estos problemas se debe a que son demasiado conocidos. Es dentro de nuestras familias que aprendimos a arreglárnoslas. Pero si nos criamos en un hogar con mala comunicación o con arrebatos de ira, estos mismos comportamientos nos parecen conocidos y, a menudo, continúan en nuestros matrimonios. Por eso es que las adicciones y el maltrato se transmiten típicamente en las familias y, por ello, personas tóxicas se encuentran y se casan. Cada una ve normales sus comportamientos.

Ante una situación de trauma, los mecanismos de caer en antigua lógica o de sobrevivencia son una respuesta común. Como niñas que tratan de llevarse bien en una sociedad compleja, recolectamos las mentiras que parecen hacer soportables las cosas o que nuestros padres nos dijeron. Por eso nuestra autoestima, igual que un castillo de naipes, es frágil, con una mentira que se alza a la vez: «Mi valor viene de mi esposo, de mi trabajo o de cómo luzco». No sorprende que todos los naipes caigan cuando son sacudidos por traición o por juicio severo.

Aprender a reemplazar las mentiras con la verdad que se encuentra en la Palabra de Dios es el único modo de reconstruir un hogar tan resistente que soporte las presiones extremas de la vida. Aunque reconstruir no es un proceso fácil, existen leyes y un proyecto. La primera ley es un cimiento sólido: la verdad inmutable de Dios, la cual no puede ser alterada y nos mantiene cimentadas. Y hay patrones notorios en la verdad. La falsa información o las suposiciones erradas tienden a inclinarse hacia el desaliento, mientras que la verdad instala muros, habitaciones y ventanas de esperanza. Además, la mayoría de mentiras nos mantiene atadas al pasado o a cosas que no podemos cambiar, mientras que la verdad se centra en el futuro, promoviendo cambio positivo. Cuando Dios habla, aclara toda confusión acerca de qué es mentira y qué es verdad, lo cual proporciona una sensación de paz incluso frente a la dificultad. Y cuanto más sabemos acerca de nuestro Padre celestial, más clara se vuelve su voz.

Desde luego, escuchar la verdad no siempre es sin dolor, pero produce libertad. Ya no nos sentimos como víctimas de nuestras circunstancias. Aprendemos a leer no solo nuestras propias emociones sino también por qué los demás reaccionan del modo en que lo hacen. Reconocer esta acción de causa y efecto nos ayuda a identificar los pensamientos a los que debemos hacer caso omiso, que se basan en mentiras, como aquellos a los que debemos poner atención y que se basan en la verdad. Al poner atención o hacer caso omiso a esas interpretaciones se gana o se pierde la batalla en nuestras mentes mucho antes de que actuemos.

Este proceso de tomar conciencia se hace más fácil con el tiempo. Cuando Teresa comenzó a llenarse la mente con más de la Palabra de Dios, la verdad empezó a brillar al igual que las «Luces en el camino» al final de estos capítulos, haciendo que para ella fuera más fácil reconocerla. La Biblia le habló directamente a sus mentiras al mismo tiempo que arrojaba luz sobre la esperanza que creía perdida. Cada vez que se añadían destellos de verdad, el camino se le hacía más claro, los pasos más seguros y el futuro se le volvía más hermoso.

Si Ester permitiera que Dios la cambiara y si actuara en la verdad conocida, la influencia sería profunda. Es triste, pero ahora mismo está poniendo su energía en el lugar equivocado, tratando de arreglar a su esposo. Disponerse a cambiarlo no le ayudará a crecer o sanar ella misma. Debe confiar en que Dios obre en su esposo y usar toda la energía que está gastando en él para pedirle a Dios que la cambie a ella.

Después de todo, tenemos mayor influencia en otros cuando *cambiamos*. A esto se le llama liderar por medio del ejemplo. Cuando otros ven lo que Dios ha hecho en nuestras vidas, se les vuelve más fácil creer que Él puede obrar en las suyas. Incluso si los que nos rodean no cambian, Dios se convierte en nuestro enfoque y, por ello, somos más fuertes. Sabemos a dónde vamos porque Él está guiando el camino en la verdad. Y hay poder en la verdad. Seré como una lora repitiendo este punto porque es importante. La verdad de Dios identifica cuáles son realmente nuestras responsabilidades y cuáles no. En el caso de Ana, ella estaba tan centrada en la traición de su esposo que no podía ver rectamente y creía tener el control. La ira que sentía era una manera de evitar su responsabilidad. Mientras estuviera enfocada en lo que su esposo hizo, no estaba obligada a mirar en su interior ni a reconocer su mala respuesta.

Muchas mujeres cristianas, incluso yo, creemos una mentira muy sutil. Se nos ha enseñado que, para ser como Cristo, debemos servir a los demás y rendirnos. Pero esto solo es parte del panorama, una mitad de la verdad. *Estamos* llamadas a servir, pero no sin límites adecuados. De lo contrario, terminaremos siendo demasiado responsables. Yo tenía todo tipo de razones «piadosas» para no fijar límites, una de ellas era «mantener la paz». Cuando Dios me mostró que al tratar de mantener la paz yo permitía que otras personas permanecieran malsanas, mis ojos se abrieron a la verdad. Por ejemplo, cuando dejé de reaccionar a la ira de mi esposo, él se quedó solo para poder tratar consigo mismo. Todo cambió simplemente al salirme de la ecuación. No tenía que soportar los estallidos de Dave con el fin de ser una esposa buena y a semejanza de Cristo.

Mentiras como «rendición sin límites» a menudo son solo una fracción alejada del norte en la brújula de la verdad, pero una fracción todavía es demasiado. Cualquiera que alguna vez haya utilizado una brújula verdadera sabe que estar incluso un poco fuera de curso es demasiado. Mientras más se viaja, más lejos se sale del destino correcto.

Cuando no fijo límites, allano el camino para que otras personas pequen. Caía en la trampa de responsabilizarme por cosas tales como decisiones y sentimientos de otros. Rápidamente asumía toda la responsabilidad por cualquier conflicto: «Si yo fuera menos egoísta o más paciente, no habría problema». Entonces daba la vuelta y no asumía la responsabilidad por mis decisiones, emociones o reacciones: «Me haces sentir muy mal». Estas son algunas de las mentiras que nos hacen tropezar y caer de plano y, en lugar de ser siervas, nos convertimos en esclavas. Cristo fue ejemplo de la condición de siervo, pero nunca de la de esclavo.

A medida que Dios me abría los ojos a mi falta de límites, todas mis relaciones se hacían más saludables. Me volví mejor amiga. Mi «sí» significaba exactamente eso y mi «no» era definitivo. Hubo gran comodidad en saber cuál responsabilidad era mía y cuál no. Fue muy liberador darme cuenta de que soy responsable solo por mis propios sentimientos y mis propias decisiones. Una amistad no sobrevivió porque cuando dejé de asumir la responsabilidad por sus estados de ánimo y por los comportamientos resultantes, ella no pudo manejarlo, ni pudo aceptar la responsabilidad de sí misma. Ahora sé que es mejor perder una amistad tóxica que perderme en el proceso por tratar de mantenerla.

Por ejemplo, si Teresa fuera más abnegada, podría desaparecer por completo. Desde luego que este pensamiento retorcido era responsabilidad suya al haber creído las mentiras. La sanidad pudo comenzar una vez que ella encontró la verdad: tenía opciones y tomar decisiones sabias era responsabilidad suya. Teresa estuvo estancada mientras se excusaba por los fracasos («Me dejé llevar»; «Él necesita desahogarse»), o peor aún, aprendió a vivir con esas mentiras porque era más fácil que aceptar su propia responsabilidad («Uso lentes rosados»; «No fijé límites con mi esposo ni mis hijos»).

Mis defectos y fracasos ya no me asustan. Son oportunidades de crecer. Cometer equivocaciones y tomar malas decisiones son simplemente recordatorios de que el Señor nos dio libre albedrío para hacer las cosas a nuestra manera. En algún momento todos tomamos malas decisiones, porque todos pecamos. Sin embargo, podemos agradecer que Dios sea justo y misericordioso. Aunque la consecuencia del pecado es separación de Dios y muerte eterna, se aseguró de que hubiera otra manera de que pudiéramos volver a tener relación con Él. Ya que no puedo ser santa y puesto que Dios no puede mirar mi pecado, es necesario que la sangre de Cristo me cubra, pagando la deuda que yo no podía pagar. No existe otra manera. Todas las buenas palabras que pueda exhibir nunca compensarán mi pecado. Esta revelación produjo gratitud renovada para con Dios por enviar a su Hijo a morir a mi favor.

Al contemplar esta verdad comprendí algo profundo. Ver cómo Dios me ama cambió el modo en que yo veía a mi esposo, a los demás y a mí misma. Dios me mostró que mi culpa no era más perdonable que la de mi esposo, o en realidad que la de cualquier otra persona. Mis malas decisiones, sin importar sus consecuencias, eran igual de decepcionantes para Dios. Cuando alguien yerra el blanco, no importa por cuánto. Cuando elevé mi perspectiva pude ver que, desde el punto de vista del cielo, mi pecado requirió el mismo precio que el de mi esposo: el sufrimiento, la sangre y la vida de Cristo. Ver realmente a cada persona como un ser destrozado niveló el campo de juego. Esta fue una comprensión aleccionadora y humillante al mismo tiempo.

Esta información no era nueva, pero mi corazón nunca había captado su significado completo. Yo sabía que las buenas obras (hacer todo lo «correcto» como ir a la iglesia, dar, servir y orar) no es lo que salva. Sin embargo, desviada por mis obstáculos de mentiras suponía que estas prácticas debían mantenerme a salvo: *Seguramente si soy una esposa piadosa y amorosa, nunca tendré que preocuparme por ser traicionada.* Cuán sutiles son las mentiras. ¿Me debía Dios algo? ¿No me había dado cuenta de que Dios me había dado todo en la muerte y resurrección de su Hijo unigénito? No obstante, yo esperaba más. Me puse de rodillas y pedí perdón a Dios cuando comprendí lo egoísta que había sido. Qué agradecida soy de que su gracia sea suficiente, de veras.

Por supuesto, el enemigo saltó y trató de convencerme de que yo era indigna. Y aunque reconozco que tengo defectos, tenerlos solo era parte de la verdad. La otra parte es que soy redimida por medio de Cristo. Sin el resto de la verdad, y bloqueada por mis defectos, tenía el impedimento de acercarme al trono de la gracia. Estoy agradecida a Dios porque conozco el final de la historia; su gracia es sencillamente esto: favor inmerecido. No la merezco, pero fluyó del carácter santo de Dios y no tiene nada que ver conmigo.

Ahora las buenas obras que hago vienen solo de un corazón rebosante de gratitud y no de una necesidad de ganar el amor de Dios. Ya tengo más de lo que alguna vez pueda comprender… todos lo tenemos. El único requisito es que veamos y aceptemos el regalo. Luego debemos rendir nuestro antiguo mapa del camino de la vida y dejar que Dios nos muestre uno nuevo, paso a paso.

Lo maravilloso acerca de la verdad es que nunca cambia. Es como una asombrosa e incorruptible losa sólida sobre la cual Dios puso los cimientos del mundo. Dicha verdad no cambia ni se erosiona. Cristo estaba consciente de que sería el Cordero expiatorio y el plan de nuestro Dios trino estaba en su lugar antes que el mundo fuera creado. Todo hombre, toda mujer y todo niño serían formados para adorarlo. El Antiguo Testamento señala este plan y el Nuevo Testamento lo documenta. Entonces, cada persona debe decidir qué hacer en cuanto al plan: la muerte de Jesús para nuestra salvación. Nada de lo que hagamos cambia o afecta ese plan. Lo único que podemos hacer es decidir aceptarlo o rechazarlo.

Dios también tiene un plan perfecto para cada vida; nosotros decidimos aceptarlo o rechazarlo. Si aceptamos su plan, permitiremos entonces que su mano amorosa nos guíe suavemente y con delicadeza identifique los obstáculos en cada aspecto de la vida. Estar abiertas a que Dios enderece nuestro modo torcido de pensar es un reto continuo.

Después de la traición, el primer paso en el sendero de la sanidad fue rendirme al cuidado de Dios. Otro paso importante para mí fue reunirme con un consejero cristiano piadoso que tuviera experiencia en trabajar con aspectos de la adicción sexual. Encontrar a alguien que conocía los obstáculos comunes fue útil. Este consejero cristiano «bueno» fue una adición poderosa a la ayuda que me dieron en el grupo de apoyo. Un consejero cristiano fue esencial para mí porque no sé cómo una persona atraviesa el dolor de la traición sin la intervención y ayuda divina. No perdí tiempo y dinero en alguien que no me mostrara cómo regresar a Dios y a la verdad.

Diré en este punto que no todos los consejeros son iguales. Que un consejero sea cristiano ni siquiera es garantía de que te señale el camino correcto. Por tanto, consulta con tu pastor o con otro líder cristiano piadoso. Ora antes de ir y luego confía en tus instintos. Si no te sientes cómoda con el primer consejero, intenta otro. También es esencial que el consejero o la consejera tengan experiencia en tratar asuntos relacionados con la adicción sexual. Que alguien lo recomiende si es posible.

Al principio tenía la idea de que ir a un consejero significaba que había algo malo en mí. Poner a un lado mi orgullo me permitió ver lo valiosa que es esa herramienta. Recibir consejería proporciona un lugar para ir más profundamente dentro de mis experiencias personales de lo que era posible en el grupo de apoyo. Aplicar a mi situación los conceptos aprendidos en el grupo y usar la ayuda de un consejero objetivo, aceleró mi proceso de sanidad. El consejero me hizo preguntas difíciles para ayudarme a identificar muchas mentiras restantes.

El consejero correcto te indicará cómo regresar a Cristo. El mío lo hizo y me encanta con qué fidelidad y paciencia Dios me ayudó a identificar una idea o una suposición errónea a la vez. Cada revelación fortaleció mi actitud, ayudándome a manejar los obstáculos de mentiras, quitando los pies de la arena y poniéndolos en la Roca. Del mismo modo que una relación nueva se profundiza después de sobrevivir a la primera tormenta, mi relación con Cristo creció. Vi cuánto Dios me amaba, con defectos y todo. Me amaba demasiado para dejarme que permaneciera malsana. Ni las cosas buenas ni las malas que hice lo afectaron. Jesús estaba íntimamente en sintonía, amándome e interesado en mí.

El proceso de descubrir mis obstáculos continuará a lo largo de mi vida. Identificar las tácticas del enemigo es fácil de perder cuando él tuerce la verdad poco a poco. Mientras más tiempo paso en la Palabra de Dios y en oración, más fácil es identificar los obstáculos de mentiras y reconocer cuándo me descarrío o sigo un desvío equivocado. También veo que permanecer en este curso divino es a veces demasiado difícil para que lo haga sola. Necesito del pueblo de Dios. Y debido a que mi sanidad ha promovido salubridad en mi familia, ellos también vienen a mi lado.

Muchos de los destellos de este capítulo son rayos adicionales de esperanza. He aquí un repaso rápido:

- Necesito ayuda en este viaje.
- Solo Dios puede cambiarme el corazón.
- Nadie es justo, ni uno solo.
- Cristo murió para que yo pudiera vivir realmente.
- Dios me ama sin límites.

Luces en el camino

> No hay hombre justo en la tierra,
> que haga el bien y nunca peque (Eclesiastés 7:20).

Tú guardarás en completa paz a aquel cuyo pensamiento en ti persevera; porque en ti ha confiado (Isaías 26:3).

De tal manera amó Dios al mundo, que ha dado a su Hijo unigénito, para que todo aquel que en él cree, no se pierda, mas tenga vida eterna (Juan 3:16).

Conoceréis la verdad, y la verdad os hará libres (Juan 8:32).

Las armas de nuestra milicia no son carnales, sino poderosas en Dios para la destrucción de fortalezas, derribando argumentos

> y toda altivez que se levanta contra el conocimiento de Dios, y llevando cautivo todo pensamiento a la obediencia a Cristo (2 Corintios 10:4-5).
>
> Todo lo puedo en Cristo que me fortalece (Filipenses 4:13).

Tu diario personal

Escribe en tu diario todas las mentiras que Dios te haga recordar y las que hayas podido identificar cuando leíste este capítulo. Al leer todos los pasajes bíblicos anteriores, mira si pueden ayudarte a identificar algunas mentiras. Más que nada, ora porque el Espíritu Santo irradie luz sobre todas las mentiras adicionales, luego busca en la Palabra de Dios las verdades que eliminan dichas mentiras. Todo este escrito sobre mentiras debe convertirse en parte de tu reflexión a partir de hoy. Podrías sentir esto como una pérdida de tiempo o incluso como una tontería; esa es una mentira. Aprender a identificar mentiras es la herramienta más importante que tendrás. Es como aprender a utilizar las estrellas para navegar. ¿Cómo puedes encontrar el verdadero norte sin esa herramienta?

CAPÍTULO 4

Linternas

Personas seguras

Los llamo *linternas* porque son mentores que irradian luz. A medida que continúa el proceso de buscar obstáculos, encontrarás que aumenta tu anhelo por Dios y la verdad. A medida que el Señor revela obstáculos adicionales, compasivamente proporciona personas que también ven trampas y estorbos que, de otro modo, podríamos pasar por alto. Dios utiliza a otros seres humanos que están delante de nosotras en el sendero para que hagan brillar una luz que nos ayude. Ellos son prueba de que dos son mejor que uno. Cuando estamos en un estado debilitado, es importante que nos rodeemos de personas que sean seguras y que provean consejo bíblico sano que nos guíe en la dirección correcta.

Permitir que otros sepan que tenemos deficiencia visual nos vuelve sensibles. Por esto es básico acercarnos sin prisa y con cuidado a posibles linternas. Debemos tener cuidado con la tendencia tanto de ser demasiado abiertas (hablar de forma indiscriminada) como de ser demasiado cerradas (no hablar nada en absoluto). Ambas cosas retardan la sanidad. Simplemente deja que Dios identifique las personas correctas y el tiempo correcto, porque la persona equivocada puede causar más daño, mientras que la correcta puede ser una artífice de parte de Dios. He conocido muchas mujeres que pueden atestiguar el daño causado por la persona equivocada.

Teresa había comenzado a sentir alivio de su dolor. Cuanto más tiempo pasaba en la Palabra de Dios, más esperanza encontraba. Pudo volver a ver la luz del rostro de Dios a pesar de todo el sufrimiento que el comportamiento de su esposo había causado a ambos. El amor de Cristo no era teórico sino real.

> Realmente necesitaba ver progreso y me hallaba lista para cuidar de mí. Fue como si alguien me despertara. Mi único deseo era experimentar el amor de Dios de manera más profunda y personal. Me sentí aún más esperanzada después de obtener los resultados negativos de mis análisis de sangre.
>
> Decidí unirme a un grupo de estudio bíblico de mujeres en mi iglesia pero, desde el primer día, comencé a tener dudas respecto a esa decisión. Al principio creí que la líder del grupo tenía conocimiento; sin embargo, pronto me di cuenta de que siempre tenía una respuesta para cada pregunta y nunca permitía realmente que las demás expresáramos nuestras propias ideas. Mis dudas resultaron bien fundadas.
>
> La primera vez que hice alusión a un problema en mi matrimonio, ella atacó, concentrándose en mí y haciéndome un montón de preguntas personales y de sondeo. Me hizo tener la impresión de que yo necesitaba corrección y que ella creía ser quien debía hacerlo. No regresé desde entonces. Pareció como si mis lentes rosados hubieran sido reemplazados por miedo, desconfianza e ira. Ansío volver a los días de bienaventurada ignorancia.

Ester siguió en su grupo de apoyo. A medida que se sentía segura, poco a poco comenzó a hablar del hábito de su esposo de ver pornografía por computadora y de toda la investigación que ella había hecho. Estas mujeres comprendieron el dolor de Ester y su deseo de ayudar al esposo. Muchas habían recorrido senderos similares.

No sé si pueda plasmar por escrito lo asombroso que fue escuchar a otras mujeres contar sus historias. Mis sentimientos de reclusión se desvanecían a medida que hablaban una a una de cómo se enteraron de la adicción de sus esposos y de la ola de emociones que siguieron. Al nunca antes haber estado en un grupo tan «real», esto fue algo refrescante. Cada historia, aunque única, tenía algún punto de relación, algo con lo que podía identificarme.

Una historia en particular me atrajo. La experiencia de esta mujer empezó de modo diferente a la mía, pero cuando comenzó a hablar de su obsesión por revisar a su esposo, el corazón se me aceleró. La mujer describió cómo había revisado estados de cuenta de tarjetas de crédito, cuentas telefónicas, cajones del escritorio y cómo escuchaba las conversaciones telefónicas de él. Confesó también su necesidad de estar en control y me identifiqué con ella.

Éramos un grupo diverso en muchas formas. Las palabras y acciones de la líder daban un tono de aceptación y confidencialidad. Desde el primer día supe que allí no habría condenación ni respuestas santurronas. Me fue difícil bajar la guardia, pero sentirme segura y comprendida me ayudó a ser sensible.

Las señoras comenzaron incluso a retar mi deseo de arreglar a mi esposo. Con suavidad me explicaron que él era el único responsable de su propia sanidad. No fue fácil oír esta verdad, pero confié en las sugerencias que me hacían. La comprensión trajo una avalancha de nuevas preguntas. Si mi esposo no estaba dispuesto a hacer el trabajo, ¿dónde me dejaba eso? ¿De qué soy responsable?

Continuaré con este grupo y oraré porque puedan responder mis preguntas.

Ana decidió que era hora de dar algunos pasos positivos a fin de evitar más daño para ella y su familia. Su temperamento volátil ya había hecho suficiente daño y podía costarle el matrimonio.

Mi pastor me recomendó una consejera cristiana que pensó que yo debía ver. La primera reunión fue emocionalmente agotadora, pero fuimos directo a los temas centrales. Ella me ayudó a ver mi comportamiento egoísta y destructivo como algo separado del de mi esposo. Nada de lo que él hizo podía justificar que yo no fuera responsable por mis propias reacciones. Al principio no quise aceptar eso porque fue doloroso darme cuenta. Siempre creí que yo estaba en lo correcto cuando atacaba a mi esposo.

Semana tras semana, mi consejera y yo revisábamos mi infancia para ver por qué me era tan fácil reaccionar con ira. Todo el proceso me hizo sentir emocionalmente agotada, y para ser sincera, quise enojarme con la consejera, pero sabía que ella tenía razón.

Después de dos meses, mi consejera me pidió que pensara en escribir cartas para pedir perdón a mis hijos, a familiares y a mi esposo. Escribirlas fue realmente difícil porque debía admitir mi responsabilidad en todo el lío y eso no era fácil. Era como volver a vivir el dolor. Después de varias redacciones y muchas discusiones conmigo misma, mis sentimientos finalmente alcanzaron la verdad.

Dios empezó a cambiarme el corazón. Este fue un comienzo. Y mi consejera está ayudándome a encontrar «el espacio» entre una mala situación y mi reacción airada. No me había dado cuenta de que tuviera una opción en cuanto a cómo reaccionar.

Mi esposo me pidió que me reuniera con él para cenar. Yo era un manojo de nervios. Después de todas esas semanas no estaba segura de qué esperar. Incluso después de haber orado por su perdón, sabía que él podría estar pidiéndome que nos reuniéramos para solicitarme que firmara los papeles de divorcio. Sin mi barrera invisible de ira, me sentía vulnerable. Afortunadamente, sabía que Dios estaría conmigo. Confiar en que Él me daría fortaleza para atravesar cada día hizo posible que tuviera esperanza.

Avanzar en nuestra sanidad significará dejar participar a otros en algún momento. El primer y más seguro paso que puedes tomar es decirle a Dios todo al respecto. Es hora de dejar de fingir que Él no sabe lo que estás pensando y sintiendo. Una vez que hayas desnudado tu alma delante de Dios, entonces pasa a contarles a otras personas a medida que sea apropiado. La Palabra de Dios deja en claro que no estamos destinados a ser islas solitarias. Él nos llama a reunirnos, a animarnos y a confesar a otros creyentes nuestras luchas. Nos diseñó para estar en comunidad y, por tanto, entiende el significado de la sinergia, el beneficio de esfuerzo combinado con procedimiento.

Ora porque Dios dirija este paso importante de encontrar mentores. Para algunas, el paso al parecer natural de acudir a sus pastores se convierte en nuevo sufrimiento. Los pastores pueden haber sido condenadores, acusadores, amañadores o todo eso. Ellos no son perfectos, son personas, tal como los consejeros. Así que si alguien que creías que sería una buena mentora te ha decepcionado, no pienses que todo está perdido. Sigue adelante, Dios te dirige por el mejor camino y también confía en tu instinto. Si algo no se siente bien, obtén otra opinión de alguien en quien confíes.

Dios habla de muchos modos: mediante su Palabra, su Espíritu y, a menudo, sus hijos. Cristo, quien sin duda pudo haber trabajado solo, invitó a doce hombres a participar en su ministerio mientras estuvo en la tierra. Les enseñó con el ejemplo, el cual es nuestro modelo para hoy. Los discípulos sabían que Jesús era un hombre de palabra y que los amaba. Recibieron la enseñanza y, a veces, la disciplina del Señor. Por otro lado, Dios ha puesto en cada una de nosotras un deseo por este tipo de comunión amorosa. No hay nada más alentador que un mensaje afectuoso de afirmación de parte de alguien que conoce nuestro corazón.

Teresa estaba lista para recibir algunos elementos saludables de juicio a fin de acelerar su recuperación. Es triste que comenzara en el lugar equivocado y, si se hubiera quedado allí, era inevitable que la hubieran herido más. Es esencial tener un ambiente seguro que ofrezca un equilibro cristiano de verdad y amor. Sin embargo, ¿qué es fundamental buscar en una mentora? Para determinar si un individuo o un grupo es seguro, lo primero siempre es orar. El Espíritu Santo puede brindar una visión sorprendente. A continuación, busca personas

- que no juzguen (no deciden lo que está bien o mal, sino que guían);
- respetuosas (establecen y observan límites saludables);
- espirituales (apuntan a Cristo no a respuestas religiosas fáciles);
- que escuchen (te oyen realmente);
- objetivas (son capaces de dar y recibir críticas en amor);
- humildes (saben cuándo decir: «No sé»).

Las personas seguras no van a condenarte a ti ni a tu esposo. Comprenden que delante de Dios todos somos imperfectos. Ofrecen y esperan respeto, el cual viene de una comprensión de que todo el mundo es valioso a los ojos de Dios. Este tipo de mentores son espirituales en lugar de religiosos, lo que significa que no solo conocen la letra de la ley de Dios, sino que comprenden la naturaleza del amor divino. Las personas espirituales confían en la sabiduría de Dios, no en la suya propia, y esto las convierte en buenas oyentes. Entienden que escuchar es más importante que hablar y que hacer preguntas es más valioso que dar respuestas. Escuchar y hacer preguntas es indicio de que una persona es tanto objetiva como humilde. Las personas humildes hacen preguntas porque saben que no tienen todas las respuestas. No han confundido *conocer a Aquel* que tiene todas las respuestas con saber todas las respuestas por sí mismas.

Por tanto, ¿dónde encuentras personas seguras cuando parece tan fácil encontrar las que no lo son? En realidad, con la ayuda de Dios es más fácil hallarlas. A riesgo de ser repetitiva, el mejor lugar para empezar es con oración. La parte difícil es esperar pacientemente que Dios identifique estas personas seguras. Cuando buscamos una linterna que haga brillar un poco de luz sobre este sendero de obstáculos, escollos y trampas, es difícil esperar que una persona revele su carácter. Pero esta espera reduce la posibilidad de tratar de leer nuestros mapas bajo una luz vacilante, mientras nos recuerda poner primero nuestras vidas bajo la luz constante de Dios. La mejor manera de evitar una herida adicional es movernos lentamente y hablar siempre con Dios antes de hablar con otras personas.

Una vez que Teresa reconoció que la líder de su estudio bíblico no respetaba la privacidad, hizo lo correcto en irse. Teresa pudo haberse quedado y hablado con la líder acerca de ese comportamiento, pero dada la situación no le correspondía arreglar a la líder. Además, la crítica constructiva es útil solo cuando hay confianza mutua entre quien ayuda y la persona herida. Pero alguien que se mete en ámbitos donde no lo han invitado no es una persona segura, independientemente de lo puros que crea que son sus motivos.

Ester fue afortunada al encontrar un grupo de personas que no solamente respetaba los límites, sino que también participaba de sufrimientos similares. Este respeto y la experiencia común es lo que hace a un grupo de apoyo diferente de, digamos, un grupo de compañerismo o de estudio bíblico. Las personas que trabajan juntas durante una dificultad común se animan entre sí, porque la experiencia a veces enseña en un modo que los libros de texto no pueden lograrlo. ¿Quién mejor para entender nuestro viaje que quienes están en una senda similar?

Cuando reflexiono en los últimos años, me asombra la fidelidad de Dios al proporcionarme muchas personas seguras y compañeros seguros de viaje. Me siento honrada por el tiempo y la energía que estas linternas brillantes invirtieron en mi esposo, en nuestras hijas y en mí. Ahora como facilitadora del grupo de apoyo en mi iglesia tengo el privilegio de transmitir ese mismo consuelo y apoyo a otras personas. Pongo cada nuevo grupo en las manos de Cristo y luego espero que Él me muestre lo que debo hacer.

Los corazones de las mujeres en estos grupos están expuestos y son vulnerables. Todos nuestros corazones están o han estado en esta misma situación. A medida que nuestros caminos se fusionan con los de otros viajeros, Dios puede reorientarnos para que protejamos nuestros límites. He mencionado mucho los límites, lo importantes que son y la necesidad de tener límites saludables. No siempre tengo una comprensión exacta de cuáles son los límites saludables. Ese es el desafortunado resultado del modo en que la mayoría de nosotras aprendió a luchar como niñas. Si no vemos límites modelados, lo más probable es que no tengamos ninguno, o que en lugar de eso pongamos muros.

Los límites son parámetros o fronteras que mejoran la pertenencia y la responsabilidad de un individuo. Imagina un huerto lleno de hortalizas y flores. El cultivador trabaja en su huerto de flores y hortalizas plantando, desmalezando, regando y cosechando. Mientras trabaja pasan por ahí visitantes; algunos son bienvenidos y otros no lo son. Los visitantes bienvenidos respetan el huerto, teniendo cuidado de no pisar las plantas, haciendo preguntas relevantes acerca de las flores y las hortalizas y hasta identificando y arrancando una o dos malezas mientras conversan. A los visitantes no deseados no les importa donde pisan, arrancan flores sin pedirlas y comentan que los tomates se ven pequeños.

A fin de mantener fuera del huerto a los visitantes no deseados, el jardinero debe colocar una cerca, un límite. La cerca tiene una puerta para dejar que los visitantes bienvenidos entren y la puerta tiene que estar cerrada por dentro para mantener fuera a quienes no respetan el huerto y la cosecha. Observa que el jardinero no construye un muro. Los visitantes no deseados pueden detenerse y mirar las flores y las hortalizas, pero la barda les impide pisar el huerto y arrancar las flores. El jardinero decide quién entra, quién se queda afuera y con quién compartir sus flores y hortalizas. Con el límite protege su espacio y tiene control del lugar. Cuando el jardinero comparte y charla con los visitantes bienvenidos, ambas partes se benefician. Esta es una imagen apropiada para que recuerde cómo debo tratar mi corazón y lo que contiene.

Teresa estableció un límite apropiado al no regresar a un grupo que amenazaba con hacerle más daño. Ester abrió su corazón a su grupo de apoyo solo después que le mostraron respeto, que eran dignos de confianza y que acordaron hablar de todo corazón. La animaron a concentrarse en su propio huerto y salir del de su esposo, a menos que fuera invitada. Estas palabras no fueron fáciles de oír para Ester, pero supo que podía confiar en las oradoras basándose en la cosecha fructífera que había observado en sus vidas. Ana se dio cuenta de que debía disculparse ante varias personas cuyos huertos había pisoteado. Ella asumió la responsabilidad y estuvo dispuesta a realizar cualquier tarea de reparación que Dios le ordenara hacer.

A pesar de que nuestros límites definen cuáles son y cuáles no son nuestras responsabilidades, estos no deberían impedir que recibamos consejo constructivo. Si nos cerramos, lo cual no es raro después de una traición, es posible que hayamos construido un muro de ladrillo en lugar de una valla de madera con una puerta. Nada entra, sea bueno o malo.

Una traición puede ser una llamada de atención que necesitamos para fijar esos límites. En el momento del descubrimiento, nuestros huertos ya han sido pisoteados y la traición ha dejado el huerto en la oscuridad de una noche perpetua, sin un solo rayo de sol. Lo que necesitamos es una linterna en el huerto. Las linternas de Dios, esos mentores que Él trae a nuestros caminos, no solo ayudan a iluminar los obstáculos a lo largo del sendero de sanidad, sino que también pueden iluminar nuestros huertos.

Una vez que estemos seguras de que estas personas tienen nuestros mejores intereses en mente, y después de haberse creado confianza, podemos permitirles que entren por la puerta del huerto. Estos obreros divinos irradian luz sobre las áreas heridas y nos ayudan a entender que pueden sanar. Ayudan a revelar enredaderas dañinas que creíamos que eran inofensivas.

También hay obstáculos cuando reparamos nuestro huerto. Puede ser desalentador y doloroso encontrar escombros… es decir, cosas que creíamos haber enterrado profundamente pero que ahora han brotado y yacen justo debajo de la superficie del suelo. Y dejar que otros entren al proceso puede ser aún más difícil. Sin embargo, los jardineros experimentados, aquellos mentores que son las linternas, saben de plantas que han sido pisoteadas. Cuando las partes dañadas se retiran, a menudo las plantas pueden sanar. Entonces son mucho más resistentes y, con el tiempo, producen flores más abundantes y dan fruto.

Cuando se trata de encontrar tus linternas, tómalo con calma, ora a lo largo del proceso y deja que Dios te ayude a erigir límites apropiados. Cuando Dios usó otras personas en mi proceso de rectificación, fue humillante e impresionante. Nunca me había sentido más amada, valorada y cuidada. Además, Dios me utilizó para hacer reparaciones similares en las vidas de otras personas. Las bendiciones siguen aumentando y produciendo una cosecha hermosa.

Destellos adicionales que son mis rayos de esperanza:

- Confía en que el Espíritu Santo obra en ti.
- Las opiniones de los demás no me definen.
- No todas las amigas son iguales.
- Dios proveerá personas que me ayuden.
- Solo soy responsable de mi propio huerto.

Luces en el camino

La ley del sabio es manantial de vida
para apartarse de los lazos de la muerte
(Proverbios 13:14).

Si alguno prevaleciere contra uno, dos le resistirán; y cordón de tres dobleces no se rompe pronto (Eclesiastés 4:12).

Bendito sea el Dios y Padre de nuestro Señor Jesucristo, Padre de misericordias y Dios de toda consolación, el cual nos consuela en todas nuestras tribulaciones, para que podamos también nosotros consolar a los que están en cualquier tribulación, por medio de la consolación con que nosotros somos consolados por Dios (2 Corintios 1:3-4).

Cada uno someta a prueba su propia obra, y entonces tendrá motivo de gloriarse sólo respecto de sí mismo, y no en otro; porque cada uno llevará su propia carga (Gálatas 6:4-5).

Hermanos, sed imitadores de mí, y mirad a los que así se conducen según el ejemplo que tenéis en nosotros. Porque por ahí andan muchos, de los cuales os dije muchas veces, y aun ahora lo digo llorando, que son enemigos de la cruz de Cristo (Filipenses 3:17-18).

Tu diario personal

Tómate algún tiempo para analizar relaciones pasadas, tanto las positivas como las dolorosas. Empieza por registrar relaciones que han terminado, y pide a Dios que te revele lo malsano y todos los patrones que las caracterizaron. Igual que con el capítulo anterior, busca cualquier mentira que dirija tu comportamiento. Pídele a Dios que te revele cualquier asunto sin resolver que necesite ser tratado. ¿Hay situaciones de las que debas responsabilizarte? ¿O te ves asumiendo las responsabilidades de otras personas?

Ahora mira tus relaciones actuales. ¿Son saludables? ¿Participan e invierten igualmente en el vínculo tanto tú como la otra persona involucrada? ¿Hay algunas relaciones que debas abandonar? Ora otra vez que Dios guíe este proceso de examinar o corregir el equilibrio en una relación actual. No obstante, la realidad es que cuando te vuelves más saludable y estableces límites apropiados, esto probablemente ocasionará fricción con los que no tienen límites o que no los respetan.

Por último, pídele a Dios que te revele alguien con quien puedas contar para que te apoye. Mantente atenta por un mentor u otra persona que esté más adelante en el viaje de su vida. Ora por alguien que fomente tu crecimiento espiritual. Busca siempre personas que tengan cualidades de carácter que admires. Luego ora que Dios abra una puerta para que la relación siga adelante.

CAPÍTULO 5

Láser

Amigo o enemigo

Un *láser* es un rayo de luz sumamente concentrado. Usado de modo correcto puede promover sanidad, limpiando y cortando con precisión crecimientos nocivos. Usado de forma incorrecta puede destruir todo en su camino. La ira es muy parecida a un láser. La ira justa puede ser curativa cuando brota de la verdad pura y está motivada por el amor. Quita esa mezcla pura añadiendo una verdad a medias, un motivo oculto, una pizca de miedo u orgullo y resultará en algo doloroso en vez de sanador.

Debido al poder de la ira, la mayoría de personas la evita o la usa mal. Como resultado, la ira tiene mala reputación. Pero no es intrínsecamente mala. La Biblia relata que Jesús tuvo ira en una ocasión. Tanto los fariseos como los cambistas de dinero sintieron la ira del Señor. Él incluso volcó algunas mesas; sin embargo, no pecó. ¿Cómo puede ser esto? No pasamos mucho tiempo estudiando la ira de Dios, pero no tenemos que leer mucho en el libro de Génesis para darnos cuenta de que Dios se enojó con sus hijos y con razón. Él desea y merece ser Señor de nuestra vida y se enoja cuando ponemos en primer lugar otras personas o cosas.

Puesto que no somos Dios, debemos mirar con mucho cuidado cómo nuestra ira difiere de la de Él. A fin de llegar a la esencia de nuestra ira debemos mirar nuestros corazones, «porque de la abundancia del corazón habla la boca» (Lucas 6:45). El motivo de la ira es entonces la clave fundamental. Nuestro problema es que a menudo estamos ciegos a los motivos subyacentes. Con el fin de reaccionar con ira adecuada, en lugar de reaccionar de modo impulsivo, debemos detenernos e invitar a Dios a nuestra ira. Unos momentos de moderación pueden evitar consecuencias duraderas y devastadoras.

Por otra parte, si evitamos por completo la ira, borrándola, negándola o desviándola, nos hacemos daño. Todas conocemos a alguien que hace esto y es «la persona más dulce que conozco y no tiene ni lo más mínimo de ira». Lo que no puedes ver es el dolor que esta persona lleva. Hay quienes conservan toda su ira por dentro hasta que se enferman físicamente. Otros expresan su ira por medio de tácticas de puerta trasera como ser pasivos-agresivos. Por ejemplo, una esposa pasiva-agresiva podría actuar como si nada estuviera mal cuando está con su esposo, pero luego hacerle algo malicioso a sus espaldas.

Un modo en que las mujeres en especial evitan la ira es refiriéndose a ella: «Después de todo, en el orden del universo la ira en realidad no es tan importante»; «Si quiero ser buena cristiana, tengo que ceder ante los demás». Esto se siente como gracia, pero realmente es ira sin resolver. El problema es que la ira no desaparece, sino que tiende a supurar de otras maneras. Una mujer puede gritar sin razón alguna a las personas que ama o llevar consigo pequeños resentimientos como una bolsa de guijarros. Ni siquiera se da cuenta de que otros pueden escuchar sus guijarros cascabeleando mientras habla. Algunas mujeres tienen tanto miedo a su ira y la mantienen tan bien escondida que nadie conoce el dolor, la vergüenza y la culpa que cargan.

Lo que ellas no comprenden es que todos nos enojamos. Esta es una emoción dada por Dios. La ira tiene un propósito. Es una luz de advertencia. Está diseñada para decirnos que alguna otra emoción está desequilibrada y que es necesario corregirla. Su destello nos dice que miremos más allá y veamos lo que está mal.

La ira tiene tres desencadenantes posibles: vergüenza (apocamiento), dolor (herida o pérdida) y desamparo (falta de control). Una vez que encontramos la causa verdadera de nuestra ira, entonces podemos abordar esa cuestión central con una respuesta apropiada, que muy bien podría incluir ira.

En este punto yo sería negligente si no mencionara el lado peligroso de la ira: el maltrato. Deseo ser clara en esto. La ira usada para controlar, manipular y tener emocionalmente como rehén a otra persona está fuera de control y es abusiva; típicamente empieza con ofensas, golpes emocionales a la autoestima de una persona, bromas pesadas e insultos públicos. Avanza a partir de allí. En última instancia, el maltratador grita, agarra, empuja, golpea y se vuelve cada vez más ofensivo y violento. Lo que sigue es remordimiento. También realiza más maltrato. Incluso una de estas tácticas es la agresión y no se detendrá sin seria intervención. Si a ti o a tus hijos los están tratando en esta forma, *por favor* busca ayuda. Si no estás segura, pero crees que podrías tener una relación de agresividad, ¡es probable que la tengas! Da por favor los siguientes pasos para seguir adelante:

- ¡Obtén ayuda hoy! Comenta tu situación con alguien, con tu pastor o consejero, o pide ayuda. Revisa tu directorio telefónico local bajo Maltrato en el hogar, Servicios a mujeres en crisis o Servicios sociales.
- No te enfrentes sola a quien te maltrata.
- Ten un plan (las organizaciones anteriores pueden ayudarte).
- No des excusas; tu vida está en riesgo. El maltrato no desaparecerá ni mejorará por sí solo.

Todas las cuatro mujeres en nuestro grupo de apoyo, incluida yo, experimentamos ira ante el descubrimiento inicial de la traición de nuestros esposos. La experiencia negativa de Teresa con el estudio bíblico solo fortaleció el control de la ira que amenazaba con enviarla por otro desvío. Después se agregaron nuevas capas de dolor a medida que ella trataba de seguir adelante. Ella se preguntó si había alguien en quien pudiera confiar.

> No podía creer que una mujer que asistía a una iglesia pudiera ser tan agresiva. Me pregunté: «¿Dónde está Dios? ¿No existe alguien en quien yo pueda confiar?». Tuve miedo de confrontar a la líder del grupo, o de ir a otro grupo y no deseaba salir de la casa, por lo que dormir era mi salida. La vocecita declaraba:

«¡Levántate!», pero yo no podía reaccionar. No lograba recordar cómo era un día normal.

Mi esposo parecía estar viviendo en un mundo distinto al mío. Vivir los dos en la misma casa, pero sin relacionarnos, era peor que estar sola. Puesto que nunca sabía dónde se hallaba él, supuse que aún estaba metido de lleno en su adicción. Mi esposo no estaba recibiendo ayuda y, en vez de eso, me culpaba. Cuando hablábamos, él señalaba con el dedo mientras yo absorbía su culpa.

Luego pensaba en todas las veces que fui austera en los gastos, ahorrando de diversas formas, mientras él gastaba dinero en sabe Dios qué cosas. Después, cuando fue atrapado, costó $500 sacar su auto de la policía y $1.000 contratar un abogado. Lo único en que podía pensar era en cómo nunca gastó dinero en mí. Todo esto me hacía enojar más y más. Me hallaba enojada con mi esposo y conmigo misma.

Lidié con todas mis emociones y cuando tuve suficiente, decidí dejar que la ira me permitiera avanzar. Estaba cansada de sentirme como una víctima que no tenía opciones. Alguien tenía que dar el primer paso. Sabía que algo debía cambiar, así que oré al respecto. Entonces una idea me llegó a la mente. Escribí un plan detallado. De algún modo hacer un plan (dónde iría y cómo cuidaría mejor de los niños) me brindó fortaleza. Revisé mis finanzas, abrí una cuenta bancaria solo a mi nombre y busqué posibles ámbitos profesionales. Cada decisión me daba más confianza. Sentí que Dios me animaba a depender solo de Él y que me otorgaba una fortaleza que nunca tuve por mi cuenta.

Entonces me sentí lista para tomar otra decisión: mi esposo ya no podía tratarme mal. Le manifesté que debía irse y que no podía volver hasta que él hiciera algún cambio significativo. Si se negaba, yo tomaría los niños y me iría. Esta fue la primera vez que me defendí y ambos quedamos sorprendidos. Se sentía bien no ser controlada por los arrebatos de ira de él y no tuve que enojarme. Simplemente dije la verdad. Pude sentir

> a Dios proporcionándome el apoyo mientras lo observaba empacando sus cosas.

Ester siguió floreciendo y creciendo en su grupo de apoyo. Semana a semana encontraba sus propios destellos de esperanza. Su enfoque había cambiado de su esposo a ayudarse a sí misma a curar.

> Esta semana escribimos una carta de ira. Fue más difícil de lo que esperaba. Turbulentos pensamientos se precipitaron a mi mente, salieron del lápiz y fueron a parar al papel. Incluso después que en el grupo de apoyo abordamos muchas mentiras, hubo más para procesar. Aun mientras escribía, descubrí ira enterrada contra mi esposo por todo lo que se había perdido: intimidad, sueños, amistades y años. No podían recuperarse.
>
> Me hallaba enojada con Dios, pero avergonzada y temerosa de admitirlo. Entonces una de las otras señoras se atrevió a decir las palabras en voz alta. Cuando un rayo no la desintegró, pude expresar mi propia ira y encontrar libertad, no condenación. Por supuesto, Dios ya sabía que estaba enojada con Él, pero yo tenía que enfrentar mi propia ira, tal como un niño tiene que enfrentar al monstruo debajo de la cama. No necesitaba mirar allí y ver la verdad: que no había monstruo. Hablé con el grupo sobre lo mucho que yo estaba aprendiendo.
>
> Entonces la líder me retó de veras, preguntándome: «¿Dirías que te está guiando Dios o tu intelecto?». Supe la respuesta. La pausa embarazosa dio a luz la dura realidad: no me gustaba nada que no pareciera lógico. En ese momento supe que, si iba a dar el siguiente paso con Cristo, tenía que abandonar la necesidad de un destino definido y de instrucciones detalladas.

Ana está probando sus límites recién descubiertos y disfrutando la libertad de sus estallidos de rabia. Llevó a cabo la asignación de su consejera de asumir la responsabilidad por sus acciones y reacciones.

> Me reuní con algunos miembros de la familia para disculparme y obtuve resultados variados. Por ejemplo, mi cuñada no estuvo dispuesta a abandonar su ira y no la culpé. Pero saber que su reacción no era responsabilidad mía me ayudó. Todavía era difícil, pero me vi reflejada en ella. La ira es una buena manera de mantener a raya a los demás.
>
> Las reacciones de nuestros hijos fueron opuestas entre sí. Mi hijo menor dejó de estar enojado con su padre, mientras que el mayor siguió siendo protector conmigo. Cuando hablamos, pude ver que el mayor no podía dejar a un lado su ira hasta que vio que yo abandonaba por completo la mía. De lo contrario, perdonar a su padre se sentiría como si me traicionara. Le aseguré a mi hijo que su papá no era un villano, sino un buen hombre que tomó una mala decisión. Mis hijos y yo lloramos juntos y pude sentir que el resentimiento desaparecía y que la paz comenzaba a llenar nuestra casa.
>
> Dios me llamó a hablar la verdad en amor y a pedir perdón. Todas las reacciones, positivas o negativas, pertenecían a quienes las sentían. Eso era difícil de aceptar cuando las reacciones eran negativas. Vi mis antiguos comportamientos en la ira de otras personas y estuve tentada a ponerme a la defensiva.
>
> Ahora estoy reconociendo lo diferente que es adueñarme de mis propias reacciones, lo que me impide ser esclava de mi rabia. Mi esposo incluso reaccionó ante mi nueva actitud. Por ahora, decidimos no tomar más decisiones apresuradas sino ocuparnos de nuestros propios asuntos.
>
> Él ha roto toda atadura con la amante y está viendo un consejero. Yo todavía estoy lidiando con mi ira hacia la otra mujer,

> pero al menos puedo sentir pena por ella. Si me encontrara con esta persona, no estoy segura de poder darle su espacio antes de reaccionar mal. Esto es difícil para mí. Dios es el único que puede cambiarme el corazón y aún estoy pidiéndoselo. Pero al menos hay una grieta en mi armadura.

La ira es compleja. Puede usarse para hacer desviar a otros porque arruina la mayor parte de las conversaciones y pone a las personas a la defensiva. Aunque no es la emoción principal, puede cobrar vida propia. En realidad, la ira resulta de emociones más profundas que son más difíciles de identificar y admitir. Recuerda, a menudo la ira es resultado de heridas, vergüenza o impotencia, pero una persona iracunda rara vez aborda el problema central. No ve que el géiser hirviente realmente brota de sentimientos más profundos. Solo ve las cosas de color rojo.

Dios creó todas nuestras emociones con propósitos. De la misma manera que el dolor al tocar una estufa caliente nos advierte que quitemos la mano, sentir dolor emocional debería decirnos que nos movamos. Nuestra ira debería ser una luz amarilla de advertencia. Su destello debería hacernos ver nuestras circunstancias con cuidado y llevarnos a hacer un cambio o a conseguir ayuda. Más a menudo, la ira es una luz roja que identifica una explosión por resolver. Hacer caso a la advertencia, aclarar todos los hechos y encontrar la verdad asegurará una reacción apropiada en lugar de una inapropiada.

Es difícil imaginar que podamos pensar en reacciones apropiadas cuando estamos tan enojadas que queremos explotar. Lo que muchas mujeres no comprenden es que hay un espacio entre la emoción y la reacción. Solía decir a los demás: «Me pones furiosa». Entonces supe la verdad. «Me pongo furiosa». Yo decido. ¿Cómo entonces decido no estar enojada? Tengo que elegir detenerme. Una forma es procesar primero mis emociones en un papel (el cual pongo luego en la trituradora). Cuando tomo tiempo para pensar en el asunto que me enoja, la pausa impide que mis sentimientos controlen la situación y evitan más daño.

Otra pausa es tan simple como decirle a la otra persona: «Volveré contigo después de tomar el tiempo que necesito para calmarme». Sin embargo, debemos asegurarnos de regresar y tratar con la persona, de lo contrario, nada se resuelve. Hemos evitado la ira pero no hemos encontrado solución.

Reemplazar una reacción malsana (explotar) con otra cosa (evitar) no es el objetivo. El objetivo es usar el espacio entre la ira y la reacción para volvernos a Dios a fin de obtener orientación. Teresa odiaba la confrontación y decía: «Tengo que pensarlo» y nunca volvía a traer a colación el asunto. Derrotada por la ira explosiva y la vergüenza de su esposo, se sentía impotente. Su estrategia para confrontar era la evasión. Si no expresaba sus sentimientos, su esposo no podía saltar sobre ellos. Ella debía poner un límite con él, pero eso alimentaba la ira de su esposo. Entonces Teresa empezó a usar su espacio «lo pensaré» para entregarle su ira a Dios. Una vez que hizo eso se dio cuenta de que mientras temiera la ira de los demás sería esclava de esas personas. Dios utilizó ese espacio para hacer que avanzara en su entendimiento y ya no se sintió impotente.

Ester se dio cuenta de que su ira estaba disfrazada de racionalización. Debatiría hasta la muerte para hacer cambiar de opinión y tenía una respuesta para todo. Una vez que implementó el uso de su espacio comprendió que sus tácticas no convencían a nadie y que alejaban a las personas. Ester decidió dejar de tratar de cambiar a los demás y permitió que Dios la cambiara, y esto alteró totalmente la situación. Experimentar el poder de hablar la verdad en amor fue liberador; la liberó del peso de la prueba y, en lugar de atacar a los demás con estadísticas y opinión experta, se dio cuenta de que la comunicación sincera podía prevalecer por sí sola. Una verdad dicha en amor obra en una manera que la discusión no puede lograr. Ester vio que Dios no necesitaba que ella defendiera la verdad, sino que quería que confiara totalmente en Él.

Ahora cuando su esposo reacciona mal, Ester permanece en silencio o reafirma la verdad calmadamente. Ya no siente el impulso de convencerlo. Él queda a solas luchando con Dios y la verdad. Ella descubrió que, de esta manera, era menos probable que la conversación se desviara. En el pasado protestaba a la reacción iracunda de su esposo y, cuando reprendía el mal comportamiento de él, ambos se desviaban del asunto original.

Ana solía creer que era sano «desahogarse» ya sea con el antagonista o con otro. En realidad, esto solo servía para agitar aún más el avispero, especialmente si su compañero estaba de acuerdo con ella incluso cuando estaba equivocada. En medio de su ira nunca le pasó por la mente detenerse a considerar las consecuencias de esa rabia. Una vez que Ana agregó su espacio y confió en Dios, comprendió la realidad de hacia dónde la había llevado su ira y continuó en su control del daño. Está comprometida a buscar la verdad, aunque no le guste. Ahora tiene un plan que le asegura que tiene un lugar; deseando la perspectiva de Dios, ora antes de hablar.

Yo también descubrí que llegar al centro de esas emociones con la ayuda del Espíritu Santo es la mejor manera de encontrar la verdad. A inicios de mi proceso de sanidad, mientras me dirigía a una reunión, me di cuenta de que había olvidado llevar una perforadora que una de las señoras dejó en mi casa la última vez que nos reunimos. Perdí los estribos. Estaba iracunda y llorando por una perforadora. Una vez que ingresé a mi espacio y me calmé, comprendí lo desproporcionadas que eran mis emociones. Dios me mostró tiernamente que mi enojo estaba fuera de lugar. Mi ira no tenía nada que ver con un objeto inanimado... era mucho más profunda. Mis fuertes sentimientos de dolor, vergüenza y desesperanza rodaban en el fondo de mi caldera que hervía con ira. Tales sentimientos pudieron ser identificados solo cuando las aguas se calmaron y solamente el largo brazo de Dios pudo quitarlos.

He visto la triste tendencia que las mujeres dolidas tienen de aferrarse a cualquier cosa conocida, en lugar de arriesgarse a lo desconocido confiando en Dios. El temor al cambio puede mantenernos atadas a nuestro dolor. Una mujer en el grupo de apoyo se envolvió en sufrimiento como si este fuera un abrigo viejo. Parecía como si disfrutara la simpatía y condición de ser víctima. En cierto sentido, es más fácil ser víctima porque casi no se necesita pensar o esforzarse. Por el contrario, trabajar en el cambio es difícil al principio, pero al evitar el esfuerzo esta mujer estaba perdiendo la posibilidad de obtener cierto control sobre su situación. Una sensación de control le permitiría levantarse, acabar con su condición de víctima y sentir la calidez del sol, libre de su pesada carga.

Nuestras experiencias pasadas también pueden impedir que confiemos en Dios. Cada vez que yo enfrentaba la oportunidad de agarrar la mano del Señor, el enemigo me recordaba desilusiones pasadas, ocasiones en que mi esposo, un pastor o una amiga me habían decepcionado. El recuerdo de ese dolor y la sensación de que yo era invisible para Dios me paralizaba de miedo. ¿Por qué debía confiar en Dios cuando todos los demás habían mentido? La respuesta estaba en la pregunta: ¿Por qué debo confiar en Dios? Porque todos los demás han mentido. Yo podía poner mi confianza plena en Jesucristo porque Él es el único que no me ha decepcionado y que nunca me abandonaría. Él no puede hacer eso, pues va contra su naturaleza perfecta.

El mundo cambió cuando entendí por completo esta verdad. Ya no esperé que las personas importantes en mi vida fueran perfectas. Cuando me fallaban, como todos inevitablemente hacemos, mis expectativas más realistas permitían que les extendiera gracia en vez de justificar el fracaso. También estoy aprendiendo a no exponer a los demás al fracaso poniéndolos sobre pedestales. Comprender nuestras limitaciones humanas es un gran ecualizador. Saber que todos los adultos capaces son responsables de sí mismos también hizo que mis límites fueran más fáciles. Tampoco espero que alguien más que Dios me proteja o provea para mi autoestima.

Crecí en una familia en que mi ira, o en realidad las emociones, no se veían bien y aprendí a evitarlas. Mis padres usaban ira explosiva como disciplina. El suyo era un láser doloroso y perjudicial. Aprendí a hacer todo lo que fuera necesario para conseguir que mi ira desapareciera. Me ponía incómoda cuando otros se enojaban, porque me sentía responsable.

Aprendí de la manera más difícil lo equivocada que estaba, pero tardé mucho tiempo en comprender que yo no era responsable por las malas decisiones de otras personas. Cuando mis hijas estaban pequeñas, sus arrebatos de ira en el supermercado o en la tienda por departamentos me hacían sentir avergonzada. Sin duda este era un reflejo de cómo crie a mis hijas, e intentaría hacerlas callar de inmediato, gritando a menudo: «¡Silencio!», en lugar de abordar los problemas reales que ellas tenían. Luego me llenaba de culpa porque estaba usando el mismo láser que mis padres usaron.

Al ser nueva creyente y usando lo poco que sabía acerca de Dios, creí que era factible hablar u orar para acabar con la ira. Decía cosas como: «En comparación con otros esposos e hijos, los míos son bastante buenos», o «En el diseño de la eternidad esto no es tan malo». Al evitar los verdaderos problemas ocultaba el láser y esto permitía que mi esposo y mis hijas me manipularan, lo que a su vez atrofiaba el desarrollo de sus personalidades.

Ciega a la verdad por mis experiencias y conceptos erróneos, necesitaba que Dios se abriera paso a través de mi manera nociva de pensar. Esforzarme más para no enojarme no era la respuesta. Ni mi esposo ni yo nos habíamos dado cuenta de que habíamos entrado en esa loca danza en que él usaba su ira como una forma de desviación y evasión, y yo le seguía el paso. Por ejemplo, le recordaba que sacara la basura y él reaccionaba de manera exagerada (surgía su láser). Entonces yo respondía a su reacción (ahora estaba armada), y ambos nos habíamos salido del tema original de la basura (¿puedes ver los sables de luz titilando?). El resultado es que lo pensaba dos veces antes incluso de volver a traer a colación el tema de la basura. En realidad, simplemente imaginaba que era más fácil que yo misma sacara la basura en vez de hablar del problema y arriesgarme a tener otra pelea.

Una vez que reconocí que no soy responsable por las reacciones de los demás, dejé de colaborar con la manipulación de mi esposo. Advertí qué malsanos eran mis pensamientos. Yo no estaba extendiendo gracia; en vez de eso estaba permitiéndole que evitara la verdad (él debía sacar la basura a veces). Ahora planteo cuestiones independientemente de lo pequeñas que yo crea que son y si mi esposo reacciona de forma exagerada, espero. Al negarme a ser arrastrada a su diatriba, soy libre para apegarme al tema original. Una vez que él está tranquilo podemos retomar el tema. Después de algunas semanas, mi esposo incluso notó que ya no podía manipularme.

La parte sorprendente para mí en cuanto a aprender a enfrentar la ira es que no fue tan doloroso como creí que iba a ser. Necesité mucho esfuerzo para tratar con cada asunto y llegar a la pura verdad. La ironía es que mi intento de tratar de no enojarme en realidad estaba haciéndome enojar más. Permanecer en la verdad significa que no debo estar enojada. Aunque la ira es un láser usado *de modo incorrecto*, la sinceridad guiada por la mano de Dios es un láser poderoso cuando se usa *de modo correcto*; corta y cauteriza una herida al mismo tiempo. La sinceridad no deja desgarrada y sangrando a la persona; siempre la prepara para la sanidad, una vez que esté dispuesta.

Ahora veo que cuando se emplea la comunicación sincera, ambas partes pueden salir fortalecidas. Este tipo de sinceridad puede eliminar el cáncer de las mentiras. No perder los estribos preservó mi dignidad, aunque debía cambiar mi perspectiva; no esconder mis sentimientos (dejando que más tarde supuraran) produjo un punto final. Aunque la otra persona reaccionara mal, podía alejarme sabiendo que había hecho todo lo que estaba a mi alcance por obtener una resolución y que el modo en que otros reaccionaban no era responsabilidad mía.

Sin embargo, encontrar y usar mi espacio no resolvió todo con relación a la traición de mi esposo. Por ejemplo, cambiar mis reacciones fue mucho más fácil que renunciar a mi ira. Pero mientras me veía como una víctima inocente y veía a mi esposo como el monstruo, el orgullo tenía el control. Desde luego, el enemigo estaba allí para susurrarme al oído, reforzando y alimentando continuamente las mentiras. El orgullo y mis derechos percibidos me mantenían atada a mi dolor y desviaban mi entendimiento de la situación.

Pero debo saber la verdad y centrarme en ella. Es fácil seguir pensando: «¿Por qué mi esposo me traicionó de ese modo? Tengo derecho a estar enojada. Merezco ser tratada mejor». En la actualidad, no quiero lo que merezco porque todo el mundo merece la muerte. Solo por la gracia de Dios y por medio del sacrificio de Cristo es que la vida es incluso una opción. Según la norma de Dios, cualquier cosa que sea menos perfecta que Él es insuficiente y merece la muerte. Y desde la perspectiva de Dios, el resultado de la muerte es separación eterna de Dios. Cuando echo una mirada crítica a mi vida, la única respuesta adecuada era tragarme mi orgullo, ponerme de rodillas y luego agradecer a Jesucristo por salvar mi alma condenada. Mi corazón podía tener tanta oscuridad como la de mi esposo y, aunque yo podía juzgar la conducta buena y mala, no estaba calificada para juzgarlo a él.

El paso siguiente fue deponer mi entendimiento de cualquier situación. Después de todo, mi opinión se basaba en la experiencia personal y es sumamente limitada en comparación con la perspectiva de Dios, quien conoce y ve todo. He descubierto entonces que es más sabio buscar su perspectiva. Al principio se necesita fe para pedir ayuda a Alguien a quien no puedes ver físicamente. Sin embargo, cada vez que lo hice, Dios fue fiel para irradiar su luz dentro de mi condición y revelar su verdad. Se volvió más fácil confiar en Él, y quedó claro que cuando corrí por mi cuenta, basada en mi propia comprensión, siempre significó problemas.

Dios creó a cada una de nosotras para que lleváramos nuestra propia carga, pero esta carga no debía incluir más de un día de ira. Al principio nuestra furia parece muy dulce de acoger, pero mientras más la cargamos, más se convierte en grumos de amargura. Cuando los grumos se amontonan, el enemigo los sujeta a nosotras con una cadena de mentiras, convirtiéndonos en esclavas de nuestra propia carga. Esta amargura tiene un olor acre que los demás evitan mientras no seamos conscientes de ella. Nuestro aprendizaje para tratar cada día con la ira asegurará tanto nuestra salud perdurable como nuestro crecimiento espiritual continuo. Podemos aprender a tratar con la ira dependiendo de Cristo, cuyos destellos dorados de verdad incluyen lo siguiente:

- Está bien tener ira.
- No soy responsable por la ira de los demás.
- Soy responsable por mis reacciones (me causo el enojo).
- La ira debe provocar autoexamen en oración.
- Dios es suficientemente grande para manejar mi ira.
- Dios es suficientemente sabio para mostrarme con amor la raíz de mi amargura.

Luces en el camino

Jehová, tardo para la ira y grande en misericordia, que perdona la iniquidad y la rebelión, aunque de ningún modo tendrá por inocente al culpable; que visita la maldad de los padres sobre los hijos hasta los terceros y hasta los cuartos (Números 14:18).

> El que comienza la discordia es como quien suelta las
> aguas;
> deja, pues, la contienda, antes que se enrede
> (Proverbios 17:14).

> Como ciudad derribada y sin muro
> es el hombre cuyo espíritu no tiene rienda
> (Proverbios 25:28).

Airaos, pero no pequéis; no se ponga el sol sobre vuestro enojo, ni deis lugar al diablo (Efesios 4:26-27).

La ira del hombre no obra la justicia de Dios (Santiago 1:20).

Tu diario personal

Escribe sobre cómo los miembros de tu familia trataron con su ira y qué aprendiste como resultado acerca de esta emoción. Piensa en personas o situaciones que te hacen enojar y luego ora que Dios te muestre el motivo que hay detrás de tu ira. Si la ira es un problema para ti, escribe un plan detallado describiendo cómo vas a hacer un espacio antes de reaccionar con ira.

Si evitas la ira a toda costa, pídele a Dios que te muestre las maneras saludables de tratar con esto. Revive la última vez que la ira de otra persona te frenó y pídele a Dios que te muestre una manera distinta de reaccionar. Está bien decirle a otra persona que no tiene permiso para gritarte o tratarte mal. Cuando dices lo que piensas, enseñas a otros cómo deben tratarte.

CAPÍTULO 6

Tierra de sombras

Cómo evitar lugares lúgubres

En nuestro viaje hacia la sanidad, todas hemos pasado tiempo en las sombras a la vera del camino; lugares llenos de hoyos tétricos de orgullo en forma de santurronería, resentimientos y hasta autosuficiencia. Debemos cuidarnos de permanecer donde está la luz y rodear los hoyos tétricos de orgullo que denomino *tierra de sombras*. Nuestras miradas deben permanecer en Cristo y nuestros pies en el camino que Él ha establecido. Es fácil confundir tales hoyos porque ofrecen un lugar fresco para protegerse del sol, pero en realidad son trampas para salir de la presencia del Hijo y es necesario evitarlos.

Tan complicadas en significado como a veces hacemos a las Escrituras, su tema primordial es el amor de Dios. Este amor no es el tipo humano de afecto, que es inconstante, sino que es piadoso y completamente desinteresado. Esta, la más pura forma de amor del corazón de nuestro Creador, es el equilibrio perfecto de compasión y justicia. La intensidad del corazón de Dios se vislumbró cuando su Hijo Jesús se hallaba en la cruz, en obediencia plena al plan de Dios para su muerte. Este tipo de sacrificio personal le parece una locura a un mundo nacido en pecado y egoísta. Sin embargo, fuimos creados para este tipo de amor, por lo que anhelamos tanto recibirlo como entregarlo. Solo Dios puede derramar este amor puro en nosotras y no podemos darlo sin su derramamiento; no podemos producirlo nosotras mismas más de lo que un cardo puede producir moras.

La humildad en los seres humanos es lo contrario del orgullo y es el resultado de que una persona se dé cuenta de que es íntimamente conocida por Dios. Cuando nos vemos a nosotras y a otros a la luz del amor de Dios, todo se revela y nada se oculta. Se vuelve claro quién soy, quiénes son los demás, quiénes somos en relación a Dios. Somos creación suya, hechos a su imagen, pero pobres reflejos. Esto no es nuevo. Pero cuando considero que Dios, el único que tiene derecho de ser egoísta, se llenó de humildad al estar dispuesto a dejar de lado su gloria por mí, me siento humilde. Para que yo tuviera acceso a Él, aceptó la pobreza extrema después del cielo a fin de forjar un camino. El pecado, el obstáculo que me separaba de Dios, debía ser eliminado. Solamente sangre inocente podía limpiar mi pecado. Mantener esta verdad en perspectiva irradia una nueva luz sobre mi propio orgullo. Cuando mis ojos están puestos en Cristo, deseo llevar una vida digna del precio que pagó.

Mi ego me desvía del rumbo, dependiendo de cuánta fe pongo en mí misma; puesto que soy una «persona autosuficiente», esto sucede a menudo. El ego es sutil y susurra: «Debes tener el control de tu vida porque la fe en Dios es más difícil que la fe en tu propio intelecto». Después que descubrí la traición de mi esposo, la autosuficiencia y la conservación propia fueron tierras de sombras conocidas en las que caí a menudo. Por un tiempo sentí como si, de alguna manera, Dios no me protegiera ni me conociera, así que cavé más hondo.

Nada mantiene un espíritu encadenado como la necesidad de estar en control. La parte más triste es que esta necesidad es un hoyo de confección propia. Cada vez que mi objetivo consistía en tener el control, dejaba a Dios fuera de la toma de decisión y anulaba su poder. Mi hoyo estaba lleno de razones de por qué yo tenía la razón y los demás estaban equivocados y por qué no merecían perdón. Mientras menos luz de la verdad entraba, más profundo cavaba yo dentro del hoyo del orgullo.

Para cavar algo, una persona necesita una pala y las emociones actúan como la pala. Por supuesto, no todas las emociones son infundadas. Sentir dolor después de una pérdida significativa es perfectamente legítimo. Sin embargo, el dolor que resulta de una traición puede ser engañoso. Debí preguntarme: «¿Estoy dolida por la pérdida de confianza y seguridad? ¿O estoy dolida porque esto no es justo y merezco algo mejor?».

Las emociones nos mantienen en el hoyo y toda emoción que no se fundamenta en la verdad de Dios es la pala que utilizamos para cavar más hondo. Aunque mis emociones se sienten verdaderas para mí, este no es el problema real con el que debo tratar. Dios creó sentimientos como indicadores de bienestar espiritual. El miedo, el resentimiento y la preocupación deberían haber sido indicadores de que me encontraba en un hoyo. En vez de eso, a menudo supuse que estos sentimientos debían guiar mis decisiones, así que actuaba de manera precipitada y terminé viviendo con mi pala en el hoyo.

Más bien, estos indicadores emocionales debieron haberme alentado a orar y buscar la sabiduría de Dios. Todas las emociones tienen la potencialidad de mantenerme en un hueco egocéntrico, pero cuando en lugar de eso decidí dejar que me guiaran a un lugar de oración, me iluminaron y pude ver la manera de salir del hoyo. Que me quedara en el hueco o saliera dependía siempre de cómo trataba con las emociones y la fuerza que las impulsaba. Pero cada vez que caía en el foso debía pedirle a Dios que irradiara su luz de verdad para mostrarme la salida. Sin embargo, yo debía soltar la pala y dejar de cavar.

Nuestro deseo de apoyarnos en nuestro propio intelecto es comprensible. El intelecto se desarrolla a partir de la experiencia pasada y lo utilizamos para descubrir gran parte de lo que es verdadero. Al no querer parecer ridícula, me esforcé por aprender de equivocaciones pasadas y de mi entorno. En un intento de reducir el dolor, en el proceso escogí estrategias perjudiciales de sobrevivencia. Pero Dios también quiere usar experiencias para enseñarnos. Fe es confiar en el carácter de Dios, aunque la evidencia sugiera hacer lo contrario. Cuando acepté a Cristo como mi Salvador, debí renovar mi antiguo método de aprendizaje. Reconocí que Él es lo único digno de mi confianza. Jesucristo fue y es todo lo que necesito. Debí reemplazar con Cristo mismo mis propios intentos de cambiarme. Él pudo hacer la obra que yo sola nunca pude hacer.

Sé que confiar en lo que no podemos ver al principio se siente arriesgado e ilógico, como poner la fe en un objeto inanimado. Recuerdo mis primeros pasos de fe, pero la experiencia reveló pronto que Dios era digno de confianza y auténtico. Mi confianza en Él aumentó. Cuando comparé eso con la oscuridad de tratar por mi cuenta sin éxito, pronto comprendí que no era insensato poner la fe en un Dios todopoderoso; insensatez era colocar la fe en mí misma.

Teresa se fortalecía cada día más al poner su fe en Dios. Aunque sabía que podía contar con Cristo, en oración pedía que una persona le hablara. No estaba lista para tratar con otro grupo y todo dinero extra estaba yendo a su cuenta de ahorros para el futuro, así que un consejero tendría que esperar.

Me sorprendió mucho recibir una llamada de una de las señoras del estudio bíblico, quien era muy amable.

«Me he fijado que no has vuelto a nuestro grupo y no te culpo. Después de la forma en que te pusieron en evidencia, yo también decidí irme. Sentí la necesidad de llamarte. No estoy segura por qué, pero algunas de las cosas que dijiste acerca de tu matrimonio resonaron dentro de mí».

La mujer me contó que su esposo era piloto y viajaba mucho y que ella se sentía aislada. Supe lo que vendría a continuación. El corazón me palpitaba con locura mientras el Espíritu Santo me guiaba a hacer una pregunta.

«¿Crees que es posible que tu esposo te haya sido infiel?». Tan pronto como pronuncié la palabra «infiel», ella comenzó a llorar. Ambas sabíamos Quién estaba detrás de esta llamada y de la respuesta a nuestras oraciones. «Gracias, Señor».

Nos reunimos para tomar café y hablamos durante casi tres horas. Fue bueno tener a alguien que entendiera realmente mis emociones. Lo que me sorprendió fue enterarme cuán lejos yo había llegado. Recordé mi antiguo yo, que se sentía impotente. Ese viejo yo estaba ahora sentado al otro lado de la mesa en esta mujer. Poder animarla me dio más fortaleza y me hizo sentir aún más esperanzada.

No tengo ninguna duda de poder ir a donde Dios me dirija y si mi esposo no empieza a trabajar en su propia sanidad, tendré que pedir el divorcio. Tanto mi nueva amiga como yo estamos orando por lo que Dios desea.

La próxima vez que vi a mi esposo le dije lo que yo necesitaba. Le advertí que, si quería que considerara la reconciliación, él debía comenzar a ver un consejero, ir a la iglesia, encontrar un hombre cristiano o un grupo pequeño a quien rendir cuentas y que debía crecer espiritualmente.

Me preparé para una discusión, pero mi esposo levantó el teléfono y llamó a un consejero. Quedé estupefacta. Me dijo que no le gustaba estar solo y que echaba de menos a su familia. Hice acopio de todas mis fuerzas para no decir: «Debiste haber pensado en eso antes». En vez de eso le pregunté cómo planeaba pagar por la consejería. Confesó que su seguro médico la cubría. Gracias, Dios.

Mientras Ester se abría paso a través de su temor de perder el control y entregárselo a Dios, pronto tuvo un sentimiento «más ligero». Estaba más esperanzada; esto no tenía nada que ver con su esposo. El comportamiento de él en realidad no había cambiado, pero el de ella sí.

No estoy segura si hay palabras para describir la libertad que estoy sintiendo. El hecho de no tener todas las respuestas no hizo que el mundo se hundiera. En realidad, es refrescante no tener que ser todo para toda la gente. En el pasado me habría descrito con orgullo como autosuficiente e independiente. Ahora veo que soy *in*suficiente por mí misma. Necesito ser dependiente de Dios, porque ahí es donde está el verdadero poder. Basta de hacerme pasar como quien tiene el panorama claro. Estoy comenzando a darme cuenta de lo agotador que eso era.

Mi grupo se ha convertido en lo resaltado de la semana. Voy allí para mi «verdadera solución». Me parece tan irónico; Dios es una paradoja tal que obtengo mi libertad al ser dependiente. Soy alguien que siempre quiere que las cosas sean lógicas, por lo que aceptar tal paradoja es en realidad un verdadero reto. Por supuesto que la libertad por medio de la dependencia tiene sentido ahora, porque si pudiera resolver todo por cuenta propia, ¿para qué necesitaría a Cristo? Tal como están las cosas, lo necesito y puedo confiar en Él para toda pequeñez.

Cuando mi mente empieza a hacer todas las viejas preguntas y cuestiono cuándo cambiará mi esposo, simplemente oro. Encuentro paz al llevar todo a los pies de la cruz, desde mi trabajo hasta mi esposo. Jesucristo es absolutamente fiel. Nunca me dejará sola; me guiará un día a la vez. En este momento ni siquiera sé dónde calza mi matrimonio en su plan, pero sé que también me guiará al respecto. Hasta entonces, seguiré orando por mi esposo y confiando en Dios mientras espero ver cómo resulta todo.

Dada la naturaleza de los sitios que mi esposo frecuentaba y al saber más acerca de su adicción, sentí a Dios diciéndome que era hora de hacerme una prueba de enfermedades de trasmisión sexual. Ya no podía seguir poniendo mi salud y mi vida en el altar del egoísmo de mi esposo. Estaba aterrada, pero tenía que conocer la verdad.

Ana y su esposo se han ido acercando poco a poco y, al aprender lo que la humildad significa realmente, ella ha estado disfrutando libertad de la ira explosiva.

He salido varias veces con mi esposo. Estoy empezando a tener más esperanza y los chicos también. Ellos están pasando más tiempo al teléfono con su padre y están muy contentos de que él acuda a los eventos deportivos de ellos. Cuando mi esposo vino a casa a cenar, estuvimos como en los viejos tiempos.

Estoy muy animada por el modo en que hemos podido hablar de lo que hay en nuestros corazones y de lo que Dios ha estado mostrándonos. En los últimos dos meses, mi esposo ha hablado más de su infancia y sus heridas del pasado, más de lo que había hablado en todos los años que nos conocemos. Incluso me dio un aporte espiritual acerca de *mi* vida. Pero los antiguos hábitos son duros de extirpar y, en lugar de agradecer a Dios por el crecimiento espiritual de mi esposo, sus comentarios revolvieron la antigua olla de ira.

Cuando hablé con mi consejera, me preguntó quién lideraba realmente en nuestra casa. Mientras pensaba entendí lo que me decía. Asumí el liderazgo y ahora mi esposo estaba pasándome por encima. El verdadero problema es que yo había estado orando durante años porque él diera un paso adelante.

El orgullo puede causar ira y decisiones precipitadas que se basan más en emoción que en la verdad. El orgullo expresado como una actitud egoísta también puede impedir que las mujeres tomen medidas saludables, aun cuando sea hora de seguir adelante sin sus esposos. Las emociones de temor (por perder la imagen de la familia feliz, por perder ingresos y prestigio, por admitir imperfecciones) les impiden confiar en Dios. Algunas mujeres incluso me han citado pasajes bíblicos como «Dios odia el divorcio». Aunque esto es cierto, Dios también odia el pecado. La mayor verdad es que Él no odia a los *pecadores* ni a las personas *divorciadas*. Su plan para la vida de alguien no se frustra a causa de una mala decisión por parte de esa persona o de otra. Dios es más grande que el pecado y sus consecuencias; Él es la única cura para el pecado.

Teresa tuvo que dejar a un lado su orgullo y acceder a mostrarse vulnerable con otra persona. Fue sabia en orar y esperar que Dios le trajera la persona adecuada, quien resultó ser de aliento para ella. Encontró una amiga segura con quien hablar y una compañera con quien recorrer el camino de sanidad, sabiendo ambas que Dios es quien había formado la relación. Dios no es un Dios de confusión. Tener paciencia y esperar la respuesta y la dirección del Señor las acercó un paso más hacia la sanidad.

Ester encontró la libertad que viene cuando dejamos de intentar resolver todo por nuestra cuenta. Ella está permitiendo que Dios le hable mediante su grupo y está creciendo en Cristo.

La fe siempre será lo contrario de lo que vemos y suele surgir miedo cuando Dios nos pide que entremos a lo desconocido; sin embargo,

Él camina con nosotras todo el tiempo. También ilumina un paso a la vez. Por mucho que nos gustaría un mapa completo de la ruta, Dios sabe que quitaríamos el enfoque de Él y lo pondríamos en el mapa.

Ana está encontrando un nuevo pozo de orgullo en ser la cabeza espiritual del hogar. Su fe siempre había sido más grande que la de su esposo y los chicos miraban hacia ella cuando se trataba de asuntos espirituales. Ana pensaba que quería que su esposo tomara la batuta, pero una vez que él comenzó a avanzar, surgió resentimiento en ella. Esto hizo que comprendiera que tenía una fibra sensible cuando de tomar el liderazgo se trataba. Ana tenía más trabajo por realizar.

Cuando Dios nos humilla, nunca es fácil para nosotras. Recuerdo haber pensado que tenía sentido reducir mis pérdidas y huir. No quería volver a ser la necia. Esto se sentía como una decisión racional y pude haberla respaldado con la Biblia. Sin embargo, por medio del Espíritu Santo, Dios me dejó en claro que no era libre para dejar mi matrimonio. No había paz en esa decisión. Al ser omnisciente, Dios sabía que aún había esperanza. Aunque eso no era lo que yo quería oír, escuché. En mi espíritu resonó la seguridad divina: Dios no estaba llamándome a una vida de dolor desgarrador y a estar físicamente en riesgo una y otra vez. Si mi esposo decidía regresar a su antigua vida, entonces yo sería libre de irme.

Me alegro de haber escuchado a Dios y haber corrido el riesgo otra vez. Si hubiera confiado y actuado en mi propia lógica y orgullo, me habría perdido gran parte de la sanidad. También es probable que estuviera unida a un nuevo conjunto de problemas, o a los mismos con diferente atuendo. Dios entendió mi necesidad de sanar primero. Confié en su corazón amoroso hacia mí.

Debemos tener cuidado de no asirnos a una parte de la verdad mientras perdemos el objetivo entero. El corazón de Dios es para su creación y, como sus hijas, tenemos a disposición todos los recursos del cielo si nos acercamos con fe. Nunca he visto a alguien poner la confianza total en Dios y resultar desilusionado. No obstante, he visto muchas personas que piden a Dios que les bendiga sus planes y que luego siguen adelante con resultados lejos de cualquier perfección.

Renunciar no es lo mismo que rendirse, al igual que romperse no es lo mismo que doblarse. Cuando nos rendimos a Dios, entregamos nuestro derecho de estar fuera de un corazón que confía, no de un espíritu contrito. Honramos a Dios cuando buscamos lo mejor y reconocemos su soberanía. Como caballero que es, antes de entrar y reinar, Él espera que nos dobleguemos. Esta flexibilidad es una descripción de verdadera humildad. El orgullo es lo que nos mantiene rígidos e incapaces de doblegarnos.

El orgullo no siempre se expresa como egoísmo o arrogancia. También puede disfrazarse de falsa humildad o desprecio propio. Por ejemplo, yo diría: «No es que no confíe en Dios, sino que no confío en que yo confíe en Él». Me hallaba estancada por lo que no podía hacer y me sentía vencida cada vez que fallaba. «Yo» estaba en el centro y todo se relacionaba conmigo. Mientras más trataba de agradar a Dios, más fracasaba. Era indigna de Dios. Al saber que nunca podía ser digna del amor de Cristo, supuse que yo no valía nada y el enemigo lo confirmó.

Entonces supe la verdad. Cuando mi enfoque estaba en mi fracaso, o incluso en mi éxito, yo expresaba orgullo. De cualquier modo, no soy digna. Pero no ser digna no es lo mismo que no tener ningún valor. En realidad, mi valía viene de mi Creador: el Dios Todopoderoso.

Tenemos valor a causa de Aquel que nos creó. Todos somos como obras invaluables de arte. Por ejemplo, el valor de una pintura no tiene nada que ver con el tipo de lienzo usado, sino que viene del artista que la creó. Al ser producida por un maestro, el valor de una pintura es casi incalculable. Puesto que el Maestro supremo nos creó a todas, nuestro valor es incalculable. Por eso, al dudar de mí misma, dudaba de Dios. Esta comprensión cambió el modo en que me veía. Cuando me rendí por completo al plan de Dios, no había nada que Cristo no pudiera hacer en mí y por medio de mí. Me hice a un lado.

A menudo veo a otras mujeres que han profundizado en un hoyo. Al establecerse en la oscuridad, su orgullo se expresa siendo víctimas, seguras de que no pueden salir. Este es un hoyo común en la tierra de las sombras. Allí las mujeres pueden encontrar identidad y simpatía. Hallar a otras que dirán: «Eso es terrible e injusto», o «Pobrecita», las mantiene morando en sus hoyos, sintiéndose seguras porque su orgullo se basa en señalar lo que otras personas han hecho. Esto les quita el enfoque tanto en lo que deben hacer como en lo que Dios quiere que hagan. No ven la arrogancia en determinar que sus situaciones son de alguna manera demasiado grandes incluso para Dios.

Estas decisiones no toman a Dios por sorpresa. Vivir en un mundo destrozado donde la gente tiene libre albedrío significa que cada una tiene el poder de herir a otros y a nosotras mismas. Solo porque Dios no impida un acto perverso no significa que lo haya planeado. Él ha puesto en marcha su plan de esperanza y sanidad para todos sus hijos. Aunque no elimina el sufrimiento que enfrentamos, camina con nosotras en medio del dolor, proporcionando la fortaleza, la sabiduría y el poder que a nosotras mismas nos falta. Él sabía que iríamos a parar en algunos lugares oscuros; por eso es la Luz del mundo. Cuando permanecemos como víctimas, nuestro temor nos impide usar nuestro mejor recurso, Cristo, Aquel que sabe mejor que nadie el dolor de la traición y el maltrato y que es la única salida.

Contar la historia de una víctima fue para mí un foso oscuro y solitario. Me había puesto como juez y jurado de mi esposo. Desde entonces he aprendido que no tengo poder ni responsabilidad para cambiar a otra persona y que trabajar únicamente en mí es una tarea de tiempo completo. Cualquier enfoque dirigido en culpar, cambiar o juzgar a otros es una pérdida de energía que estaría mejor invertida en mí misma. Ya que Dios utilizará en mí la norma que yo uso en los demás, es mejor que Él me encuentre extendiendo grandes cantidades de gracia a otras personas, de modo que cuando llegue mi juicio, yo pueda ser juzgada por la misma medida.

Esto no significa que deba hacer caso omiso a los demás, o peor, que trate de justificarlos. Debemos encontrar un equilibrio. Tengo la responsabilidad de discernir respecto a comportamientos, fijación de límites y petición de cuentas a otros por sus acciones. Pero esto no es lo mismo que un juicio de valor de toda la persona ni de su corazón. Los límites vienen de un sano entendimiento del valor intrínseco de cada individuo, pero tales límites deberían basarse en la verdad y el amor, no en el orgullo.

Calificar a alguien como digno de mi juicio es señal de orgullo. Es otra manera de tratar de ser Dios. Hay una línea muy fina entre amar al pecador mientras se odia el pecado y solo puede ser hallada con la ayuda del Espíritu Santo. Estoy descubriendo que hay mucho poder disponible para mí cuando renuncio a cualquier derecho a juzgar, orando y luego esperando la respuesta de Dios en cuanto al modo de tratar mejor con la otra persona. Solo Dios puede conocer el corazón del ser humano, así que es mejor que Él me revele mi siguiente paso.

La tierra de sombras de orgullo está a nuestro alrededor en el sendero de la sanidad. Al principio puede parecer tan solo un lugar sombreado para sentarse y descansar y, sin un poco de ayuda divina, ni siquiera podemos reconocer que se trata de un foso. Yo solía orarle a Dios que me ayudara en mis áreas obvias de lucha, aquellas heredadas de mi familia y de otros retos que tomé a lo largo de los caminos secundarios de la vida. Sigo orando y pidiéndole ayuda en dichas áreas. Pero después de caminar con centenares de mujeres dolidas, ahora oro de modo más ferviente porque Dios revele las tierras de sombras difíciles de detectar en mi vida, esas fosas oscuras que otros pueden ver, aunque soy ciega a ellas. Estos son los lugares donde puedo causar el mayor daño y donde me pueden causar el mayor daño.

Dios ha sido fiel en irradiar su luz en muchos de estos lugares oscuros y estoy agradecida, aunque cada vez que lo hace mi salida es dolorosa. Es muy parecido a hacer una punción o limpiar una herida; al ser liberada de la fosa, el proceso de sanidad se acelera, pero hay un precio en librarme del falso orgullo. Solía preguntarme cuándo llegaría a la «meta». Ahora sé que no llegaré hasta que esté con el Señor. La buena noticia es que el carácter que yo permita que Dios obre en mí me acompañará a la eternidad.

Hay trabajo duro en rendirse a Dios. Ser seguidora de Cristo tiene que ver con conocer el corazón de Dios y tener una relación íntima. La mejor parte es que esta relación es lo único que llevamos al cielo. Por eso debo elegir conocer a Jesús. Si no lo hago, el final de mi vida podría ser así: Camino lentamente hasta las puertas de perlas y espero mientras alguien comprueba si mi nombre está en el libro. Luego sigo hacia adelante para estrechar la mano de Jesús, pero lo hago muy lentamente porque no lo conozco tan bien.

Conocerlo mejor significa para mí que atravesaré corriendo las puertas de perlas, saltaré al regazo de mi Señor, le daré un gran abrazo y terminaré la conversación que empezamos esa mañana.

He aquí más destellos para quienes deseen correr:

- No siempre llego a saber por qué.
- Rendirse a Dios no es lo mismo que renunciar.
- A veces la verdad viene acompañada de dolor.
- Dios es suficientemente grande para manejar cualquier situación.
- Dios revelará con amor mis tierras de sombras.

Luces en el camino

Hijo mío, está atento a mis palabras;
inclina tu oído a mis razones.
No se aparten de tus ojos;
guárdalas en medio de tu corazón;
porque son vida a los que las hallan,
y medicina a todo su cuerpo (Proverbios 4:20-22).

La paz de Dios gobierne en vuestros corazones, a la que asimismo fuisteis llamados en un solo cuerpo; y sed agradecidos. La palabra de Cristo more en abundancia en vosotros (Colosenses 3:15-16).

Es verdad que ninguna disciplina al presente parece ser causa de gozo, sino de tristeza; pero después da fruto apacible de justicia a los que en ella han sido ejercitados (Hebreos 12:11).

Amados, ahora somos hijos de Dios, y aún no se ha manifestado lo que hemos de ser; pero sabemos que cuando él se manifieste, seremos semejantes a él, porque le veremos tal como él es (1 Juan 3:2).

Dios es amor; y el que permanece en amor, permanece en Dios, y Dios en él. En esto se ha perfeccionado el amor en nosotros, para que tengamos confianza en el día del juicio (1 Juan 4:16-17).

Tu diario personal

Escribe en tu diario algunas de las áreas en que tanto Dios como tú concuerdan en que debes trabajar más. Ora y pídele que te muestre específicamente qué debes hacer en esas áreas. Luego pide en oración su percepción de esas tierras de sombras aún no descubiertas. Dile que sí estás dispuesta a hacer lo que sea necesario y Él hará el resto. Mientras esperas su dirección, asegúrate de escribir lo que Dios te revele.

CAPÍTULO 7

Gusanos de luz

Asimilar y aplicar la gracia

Puedo contar con los dedos de una mano la cantidad de personas que conozco que tienen «eso». «Eso» no se define con facilidad, pero la gente que lo tiene parece irradiar cariño y valor a todos los que se le acercan. Durante años no pude averiguar qué me atraía a tales personas. Ahora comprendo que «eso» era la gracia, la gracia de Dios, como la suave luminiscencia de un *gusano de luz*. Gracia es favor inmerecido y amor incondicional. Otros son irresistiblemente atraídos hacia una persona que tiene a Cristo emanando de ella. Esta persona permite que el Espíritu Santo la llene de afecto hasta que su resplandor brille a su alrededor.

Los "gusanos de luz" primero aceptan completamente la gracia de Dios en sus propias vidas. Pero una vez que las personas son llenas por este don de gracia que nunca pueden ganarse, la derraman de forma natural en otros. La gracia fluye del corazón, un corazón lleno de acción de gracias y humildad. Una vez que la gente encuentra la corriente de Agua viva anhela que otros, que todos, la experimenten. Este deseo está en marcado contraste con la codependencia, una condición en que un individuo da y da de su necesidad o vacío, con la esperanza de ser lleno a cambio. Resentimiento y agotamiento son los resultados típicos de esto.

Cuando a los quince años me convertí en cristiana, no tenía un conocimiento pleno de qué era crecer en Cristo. Sabía que mi decisión de aceptar a Cristo como Salvador significaba que todos mis pecados estaban perdonados y que, después de mi muerte física, pasaría la eternidad en el cielo. En mi mente comprendía el significado del regalo y de mi decisión. Por tanto, con el paso de los años, me esforcé mucho por ser una buena persona. Agradecida por lo que Cristo había hecho, investigué en la Biblia, buscando respuestas e hice todo lo que creí que los buenos cristianos hacían: fui a la iglesia, a estudios bíblicos, a retiros y a conferencias. Fallé mucho. Mis intenciones eran buenas, pero mi corazón no podía producir «eso» que solo Dios podía proporcionarme.

Pasaron los años antes que comenzara a entender por completo *la gracia*, y ahí fue cuando empecé a ver cambio en mí misma. En el prólogo de este libro terminé mi historia preguntándole a Dios: «¿Por qué yo?». Pero mis preguntas no pararon allí. Después de preguntarle más a Dios «¿por qué?», mi esposo y yo lloramos y hablamos y volvimos a llorar.

Cuando los últimos detalles de la historia de Dave salieron a relucir, en ese momento de mayor oscuridad, Dios reveló su gracia en la manera más personal e íntima. Recuerdo haber bajado la mirada hacia mi esposo que se había lanzado al suelo por la vergüenza. Esa vocecita, como un susurro, me consoló y entonces Dios me brindó un destello de cómo Él veía a Dave. Ese cambio de perspectiva me permitió ver por primera vez que mi esposo no era un monstruo, sino un niño pequeño con una carga de sufrimiento de treinta años.

Entonces Dios respondió a mi «¿por qué?» con ternura y amor. Escuché su voz en mi cabeza con tanta claridad como si hubiera hablado en voz alta. Él dijo: «Si no extiendes mi gracia a Dave ahora, tal vez él nunca llegue a conocerla». Quedé humillada y quebrantada. Vi el orgullo detrás de mis *¿por qué?* como si Dios me debiera una explicación. Él no me debe nada. Pero me había dado una opción. Dios nos puso a Dave y a mí juntos para este momento. Miré a mi esposo tirado en el suelo junto a la cama mientras lloraba en forma descontrolada y con una fortaleza que no era mía, lo abracé.

Al instante algo se rompió espiritualmente. Ambos casi pudimos oír el sonido de las cadenas cayendo al piso. Mi esposo habló más tarde de cuán significativo había sido ese momento para él. Este resultó ser el principio del proceso de sanidad para los dos.

Cuando en ese momento Dios me pidió que extendiera gracia a mi esposo, todos los años de estudio y deseo de ser como Cristo fueron probados. En medio del dolor emocional, después de días de clamarle, oí la tierna voz de Dios diciéndome que todo se reducía a una opción. ¿Extendería yo la gracia que Dios me había brindado? Entonces la responsabilidad de esa alternativa me sacudió. Tal vez Dave nunca conocería la gracia de Dios si yo no la extendía. Dios me había permitido estar en este lugar para un momento como este.

En ese instante, el cambio en mi perspectiva reveló un panorama totalmente nuevo. Todo el conocimiento que yo había acumulado acerca de quién es Dios (su justicia y misericordia, su gracia y lo que le costó) se hizo real y personal. Permanecí allí en una encrucijada, delante de mí había dos caminos claramente definidos y pasé de la «decisión de la cabeza» que había tomado a los quince años de edad a una «decisión del corazón». En lugar de permitir que mi dolor y emoción hablaran, en lugar de decir por qué me sentía justificada al condenar a mi esposo, me hice a un lado y dejé que Dios determinara mis acciones. Aunque un abrazo iba en contra de todo dentro de mí, al momento que obedecí y actué, la gloria de Dios fue evidente. Tanto Dave como yo cambiamos.

La gracia de Dios es lo opuesto al juicio, es inmerecida. Y nuestra ofrenda es nuestra oportunidad de dejar que Dios haga mediante nosotras lo que nunca podríamos hacer solas. Este no es un concepto religioso; se trata de algo doloroso, de entrega del alma, de cambio de vida: de *gracia*.

A la Teresa de palabras suaves le volvió el habla. Estaba animada por los primeros pasos de su esposo, pero necesitaba ver alguna lógica con el paso del tiempo antes de estar satisfecha de que él fuera serio en cuanto a conseguir ayuda y hacer el duro esfuerzo de recuperarse. Tratar con sus propios problemas era la prioridad máxima de Teresa. Estaba agradecida por los libros que había leído, la compañera de oración que Dios le había provisto y la Biblia.

> Mis tiempos de oración han sido una bendición. Ha sido bueno obtener la perspectiva de otra persona. He notado que mi amiga parece haber puesto equivocadamente su ira en la industria de

entretenimiento de adultos. Habría sido fácil unírmele allí, pero Dios me guio a hacerle algunas preguntas en vez de eso.

—¿Te das cuenta de que muchas de esas mujeres también son víctimas? No despiertan a la realidad y deciden que quieren ligarse con clientes o hacer películas de adultos.

—No bromees —contestó ella—. Podrían conseguir trabajo en un millón de lugares distintos. A ninguna de las personas implicadas en la industria del sexo le importa un comino que matrimonios y familias se destruyan. Todos sus mensajes parecen ser respecto a controlar a los hombres mediante sus pantalones cortos. Y no es solamente en la industria del entretenimiento para adultos. ¡Mira la manera en que jovencitas, y hasta *niñitas*, se visten en estos días!

Ella estaba muy nerviosa, así que desestimé la idea. Dios había proporcionado una lámpara para que yo viera mis escollos. Estoy contenta de que estemos leyendo juntas y confío en que en su tiempo Dios trate con nuestra ira. No hace mucho tiempo me encontraba en el mismo lugar. Luego Dios me mostró el dolor que se necesita para que las mujeres lleguen al lugar en que estén dispuestas a vender sus cuerpos y almas; pero si no fuera por la gracia de Dios, yo podría estar en esa condición. Mi necesidad de emitir juicios comenzó a disolverse a medida que vi a tantas de nosotras tragarse la mentira de que nuestro valor personal está vinculado a nuestra sexualidad y a lo atractivas que seamos.

Mi esposo parecía serio en cuanto a conseguir ayuda. Pude ver cuánto le costaba hacerlo. Cuando llamó después de su última cita de consejería, parecía como si hubiera estado en medio de una guerra. Supongo que así fue… una guerra espiritual.

Ester siguió buscando equilibrio entre confiar en su yo lógico y confiar en Dios. Había estado decidida a ser una súper esposa y quedarse con su esposo hasta el final, pero entonces recibió una gran alerta.

Estaba limpiando mi oficina un sábado, tratando de no sumergirme en el trabajo. Mi esposo se había ido a jugar tenis. Entonces sonó el teléfono y me sorprendí al oír la voz de mi médico. Ella explicó que a menudo devolvía llamadas telefónicas los sábados y, a continuación, me informó que ahí tenía los resultados de mi análisis de sangre. La garganta se me secó mientras esperaba el resto de la noticia. Era mala. La enfermedad de trasmisión sexual que yo había contraído no era mortal, pero debía comenzar de inmediato con antibióticos que ella me prescribiría por teléfono. También quería verme a primera hora del lunes para repasarlo todo en detalle y mi esposo también debería ser examinado. Todo era profesional, claro y conciso. Toda mi falsa esperanza y mi negación se habían desvanecido.

No estaba enojada, para mi sorpresa, como lo estuve cuando descubrí la traición. Esto era más como una respuesta a una pregunta que había temido hacer. Sentí que Dios estaba dándome el poder para relajarme y dejar de luchar. Él tenía la respuesta y me había preparado para que viera la verdad. Una oleada de tristeza se apoderó de mí cuando finalmente comencé a lamentar la pérdida.

Lo conté en mi grupo, pero simplemente me preguntaron qué sentía que Dios me guiaba a hacer. Les hablé que el plan divino estaba desarrollándose: yo había cambiado el enfoque de arreglar a mi esposo y estaba permitiendo que Dios me arreglara a mí. Estaba poniendo mis finanzas en orden y preparándome para la respuesta deficiente de mi esposo. Yo sabía lo suficiente como para no efectuar un movimiento real sin una confirmación divina. No podía permitir que la antigua Ester «hazte cargo» retrocediera ahora. Aún tenía oración, duelo y planeamiento por hacer.

Ana estaba empezando a creer que su esposo y ella podrían reconciliarse y comenzar de nuevo. Entonces enfrentó otro contratiempo.

¡Me hallaba aturdida! Creía que mi familia podría reconstruirse. Estaba a punto de pedirle a mi esposo que regresara, cuando soltó la noticia en mis narices.

—Ana… no quiero volver atrás, porque parece que estamos avanzando muy bien. Pero mi consejero dice que no puedo guardar ningún secreto.

—¿Qué pasa?

No estaba lista para lo que él confesó a continuación.

—Tuve otro lío amoroso… hace años… cuando recién nos casamos. Ahora sé que todo formó parte de mi necesidad de validación; fue una manera de sobrevivir. Eso no disculpa el sufrimiento que te he causado y he orado porque esto no deshaga el progreso que hemos tenido hasta aquí.

Yo no podía hablar, ni siquiera respirar. Este fue como un segundo golpe en el estómago. Desde luego que estaba furiosa. Muy enojada con Dios. ¿Por qué me dio esperanzas para luego derribarlas? Pero esta vez el volcán no hizo erupción. Salí rápidamente y fui a casa para procesar este nuevo dolor. Los chicos me recibieron en la puerta cuando irrumpí.

—Mamá, ¿qué pasa? Parece como si hubieras visto un accidente. ¿Está bien papá?

¿Está bien papá? Yo quería explotar, pero en realidad puede sentirme resistiendo el hábito de poner mi orgullo primero. Supe elegir con mucho cuidado mis palabras.

—Chicos… necesito que oren. Su papá está bien. No puedo hablar ahora, porque necesito algunos minutos para aclarar mis pensamientos.

Oh… cómo batallé contra las voces antiguas; quería dejar que mi rabia estallara. Pero sentí la intervención divina. Esta noticia iba a ser demasiado dura para mis hijos si su madre la vomitaba por sobre la ira que sentía. «Oh Dios, ¿cómo sobreviviremos a otro golpe?».

Gracia es algo que un corazón humano es incapaz de producir. Simplemente optamos por dejar que Dios la derrame o no en nosotras y a través de nosotras. Cuando estamos llenas del Espíritu, el resplandor de la gracia es evidente, algo muy parecido a la bioluminiscencia de un gusano de luz. Cuando se trata de gracia, Cristo no es solamente nuestro ejemplo, sino la fuente. Lo difícil es ser obediente y confiar en la verdad cuando el enemigo está tratando de llenarnos con todas las razones de que nuestra ira es justificada. Cuando la gracia mora en nosotras, lucimos de modo diferente y luego influimos. La gracia cambió el modo en que Ana reaccionó a la confesión de su esposo porque ella confió en que Dios le daría una nueva perspectiva.

Hay un detalle más. La gracia no es *gracia* cuando no cuesta nada. Si simplemente decido dejar a alguien libre de culpa sin que Dios esté presente, soy una alfombra (alguien que se deja pisotear) o un facilitador (alguien que permite que otra persona permanezca insana al quitarle responsabilidad). Ester estaba comenzando a darse cuenta de que permanecer en casa con su esposo sería una aprobación silenciosa a la conducta de él y reanudar sexo con él podría costarle la vida. La gracia no elimina las consecuencias de una mala decisión; elimina la necesidad de condena. Ofrecer gracia falsa es una equivocación común que cometen las mujeres en las iglesias. No están viendo al ofensor del modo en que Dios lo ve; están tomando la senda de menor resistencia, evitando la confrontación, o esperando que el ofensor tenga suficiente pena para no volver a agraviar. Todas las esperanzas y buenas intenciones en el mundo no equivalen a una pizca de *gracia*. De Dios depende decidir cuándo y dónde servimos y nos sacrificamos. Gracia significa que Dios decide y nosotros obedecemos.

Algún tiempo después de descubrir la traición de mi esposo asistí a una feria municipal. Era un caluroso día veraniego y en el gentío había muchas mujeres vestidas de modo provocativo. Al igual que la amiga de Teresa, dejé de ver personas y, en su lugar, vi mujeres tentadoras. Ira e indignación surgían dentro de mí a cada instante. Entonces me paré frente a una mujer que vendía helados. Su blusa era reveladora, por decir lo menos y tenía el rostro cubierto con demasiado maquillaje. Antes de poder formular una idea desagradable, oí un suave pensamiento en la mente que no pudo haber venido de mi corazón condenador que decía: «Piensa en lo que esta mujer ha pasado en su vida que ha creado en ella la necesidad de atraer la atención hacia sí. ¿Podría ser que fuera una víctima del enemigo? ¿No es hora de hacer a un lado tu indignación y extenderle mi gracia?».

Solo Dios podía hacerme entender su corazón por mujeres que están en la industria del sexo, por mujeres que se visten de forma seductora y por mujeres jóvenes de todo el mundo. A menudo ellas son maltratadas, enviciadas y descartadas. Su comportamiento proviene de su propio sufrimiento y no se desarrolló de la noche a la mañana. Ninguna mujer que se respete elegiría ser un objeto que se degrada y se usa.

Si has oído esta defensa por primera vez y tu cerebro es fresco y crudo, no esperes que lo acepte de inmediato. Toma tiempo recobrar el aliento y examinar con cuidado todas las capas del dolor. Nadie espera que saltes directamente a la gracia y el perdón. Ana no podía saltar de la rabia a la gracia, pero Cristo está guiándola hacia allá. Lee con esperanza y asegúrate de que Dios pueda llevarte allí en su tiempo. Mientras tanto, *tú misma* concede gracia.

Durante años traté de conseguir semejanza a Cristo y de extender gracia. Nadie resultó engañado excepto yo. Lo que creí que era gracia resultó ser una falsificación barata. La buena conducta nunca puede sustituir el rendirse al Espíritu Santo de Dios y ser guiada por Él. Cristo quiere vivir por medio de mí, no quiere que yo lo represente mal. Doy gracias por su omnipresente paciencia conmigo y por mostrarme la verdad: todo mi esfuerzo fue lo opuesto de la rendición y constituyó un trabajo duro sin ningún rendimiento.

Sigo orando que Dios me conceda un corazón compasivo hacia todas sus hijas heridas. A diario le agradezco su paciencia conmigo y su amor infalible. Oro por más de su corazón de *gracia*. He visto la diferencia que el Espíritu establece una y otra vez; y, sin embargo, a pesar de todo lo que he visto, estoy convencida de que solo he visto un resplandor de lo que Él tiene para ofrecernos. He aquí más destellos para añadir a tu colección:

- No puedo, pero Dios sí puede.
- Dios me ama.

- Dios puede cambiar lo que yo no puedo.
- Su gracia es suficiente.
- La gracia irradia una luz que lo cambia todo.

Luces en el camino

> Sabiduría ante todo; adquiere sabiduría;
> y sobre todas tus posesiones adquiere inteligencia (Proverbios 4:7).

Jehová, tú nos darás paz, porque también hiciste en nosotros todas nuestras obras (Isaías 26:12).

Venid a mí todos los que estáis trabajados y cargados, y yo os haré descansar. Llevad mi yugo sobre vosotros, y aprended de mí, que soy manso y humilde de corazón; y hallaréis descanso para vuestras almas (Mateo 11:28-29).

El pecado no se enseñoreará de vosotros; pues no estáis bajo la ley, sino bajo la gracia (Romanos 6:14).

Con Cristo estoy juntamente crucificado, y ya no vivo yo, mas vive Cristo en mí; y lo que ahora vivo en la carne, lo vivo en la fe del Hijo de Dios, el cual me amó y se entregó a sí mismo por mí. No desecho la gracia de Dios; pues si por la ley fuese la justicia, entonces por demás murió Cristo (Gálatas 2:20-21).

Por gracia sois salvos por medio de la fe; y esto no de vosotros, pues es don de Dios; no por obras, para que nadie se gloríe (Efesios 2:8-9).

Tu diario personal

Escribe a Dios una nota de agradecimiento por su increíble gracia. Ora y pídele que te llene con su amor y te muestre las maneras en que poco a poco te ha guiado hasta este lugar. Toma todos los lugares difíciles donde el perdón no crece y llévalos a los pies de Cristo.

Imagina su sonrisa de comprensión mientras te mira con amor, no condenándote. Redacta una descripción o dibuja a qué se parece la gracia. Llénate cada día y luego irradia gracia sobre todos aquellos con quienes te encuentres.

CAPÍTULO 8

Luciérnagas

Insectos de luz con alas

Algunos insectos que producen su propia luz tienen alas que les permiten volar. Si tomas la gracia y le das alas, se llama perdón, y es el perdón lo que lleva a lo más elevado la gracia de Dios. Del mismo modo que las alas ofrecen a la luciérnaga libertad de la gravedad, el perdón significa libertad para nosotras. Imagina la sensación de sobrevolar sobre un montículo de hierba después de estar limitada a arrastrarte sobre unas cuantas hojas.

El perdón es uno de los conceptos religiosos más malinterpretados. Demasiados cristianos tratan de ofrecer un sustituto débil que carece del poder de lo real. La libertad que viene con el perdón es un regalo poderoso, pero se debe tener mucho cuidado, pues viene con responsabilidad. El perdón no es fácil. Cuando extiendo perdón, estoy de acuerdo con vivir según las consecuencias de la mala decisión de otro y también debo renunciar a mi derecho a castigar. El otro extremo es preparar a una persona y protegerla de las consecuencias naturales de sus decisiones, estancando su crecimiento.

Perdonar no significa que lo que la otra persona hizo está bien, ni es sacarla del apuro. Debe entenderse que el valor del individuo no cambia porque haya tomado una mala decisión.

Perdonar también es una decisión, no un sentimiento. Por ejemplo, si espero hasta que mis sentimientos se suavicen hacia un ofensor, me llevaría una eternidad perdonarlo. No obstante, una vez que decido perdonar los sentimientos se producen. Si el ofensor continúa su comportamiento tóxico, que yo lo perdone no significa que deba mantener su amistad o permanecer en contacto con él o ella. Significa que si me alejo, hice todo lo posible para ayudar a que el ofensor aprenda, crezca y cambie. He dejado atrás un destello de esperanza, pero el cambio de esa persona depende totalmente de ella.

No tomes en cuenta el antiguo dicho: «Perdona y olvida». Si pudiéramos olvidar, no tendríamos necesidad de perdonar. Más bien, cuando nuestras heridas son graves, debemos procesar mediante capas de perdón. Acordé en el principio entrar en el *proceso* de perdonar a mi esposo. Hice progresos a través de la primera capa, así que cuando apareció una nueva capa, pude procesarla por separado sin realmente sentir como que no lo había perdonado en absoluto.

Sería demasiado simplista declarar: «Perdono a mi esposo por todas sus malas decisiones». Necesito tiempo para procesar todas las consecuencias con las que yo había acordado vivir. La primera capa fue perdonarlo por el dolor de la traición general, pero se descubrieron capas adicionales con las que debí tratar. Los asuntos emocionales, espirituales, económicos y familiares son solo algunas de las capas. Tardé tiempo en comprender cuántas capas había y cómo se había afectado cada aspecto.

Muchos meses después del descubrimiento final de todas las actividades de Dave, sentí que habíamos examinado la mayoría de las capas de perdón. Entonces surgió el tema del dinero como un problema no relacionado. El resentimiento cayó sobre mí como un pino gigante. Me golpeó duro que durante todos esos años hubiéramos estado ahorrando cada centavo mientras mi esposo estaba gastando dinero en su adicción. Tuve que dar un paso atrás y procesar desde dónde venía la fuerte emoción. Me di cuenta de que esta era una capa con la que aún no había tratado. Tuve que volver a trabajar en el perdón antes que pudiéramos seguir adelante.

Mi esposo sabe que estoy comprometida con el perdón cuando me ve procesar cada etapa sin condenación. Soy sincera en cuanto al dolor que me ocasiona una capa particular, porque es una consecuencia de sus malas decisiones. No se lo lanzo a la cara ni lo utilizo como un arma puesto que quiero reconstruir la relación, no destruirla. Al principio fui demasiado lejos en el otro sentido, tratando de ocultar el dolor porque no quería presionarlo a que volviera a su adicción.

Entonces me di cuenta de que esto era dañino para ambos. Él debía conocer cómo estaba sintiéndome y cuando manejaba la situación sin ponerse a la defensiva, ambos seguíamos adelante en la reconstrucción de la confianza.

Es importante reconocer que perdonar no es lo mismo que confiar, aunque se relacionan íntimamente y son procesos simultáneos. La confianza tarda más tiempo en reconstruirse. Muchos esposos quieren que sus esposas «lo superen» y se frustran por la falta de confianza en ellas. Estos maridos sienten que deben rendir cuentas por todo lo que dicen o hacen. Rendir cuentas es esencial para reconstruir la confianza, y es una consecuencia de las malas decisiones. Nunca te sientas presionada a confiar antes de estar lista, pero cree siempre en los comportamientos de él. Un hombre inocente no debe sentir escrúpulos en cuanto a someterse a rendir cuentas o al escrutinio, especialmente si desea recuperar la confianza.

Por supuesto, esto tampoco significa que te conviertas en su guardián. La principal rendición de cuentas de tu esposo debería ser hacia otro hombre, o un grupo de hombres con quienes esté en contacto con regularidad. El sometimiento de un esposo a un consejero, un pastor o a los hombres de un grupo que le hagan las preguntas difíciles es evidencia de crecimiento. Un hombre comprometido a sanar debe crecer espiritualmente en estudio bíblico, lectura de la Biblia y oración. Cuando sea apropiado, debería contarse con monitoreo y filtros de contenido para computadoras, así como controles económicos. La cantidad de resistencia que un esposo pone a rendir cuentas dice mucho de cuán serio es en su deseo de sanar. Recuerda, cree en sus comportamientos.

Teresa siguió reuniéndose con su compañera de oración, pero notó alguna tensión entre ellas cuando sus caminos parecían ir en direcciones distintas.

> ¡Estaba emocionada! Quise contarle a mi amiga mi último adelanto con mi esposo. Desde el momento que nos sentamos,

hubo una pesadez en el aire. Decidí que lo mejor era preguntarle primero cómo le estaba yendo. Todo nuestro tiempo juntas se convirtió en una queja interminable. Su esposo no estaba haciendo suficiente. Sus hijos estaban portándose mal con ella y mutuamente. Mi amiga se sentía enojada todo el tiempo.

Intenté dar algunas pequeñas sugerencias y palabras de aliento, pero rebotaban en ella como una pelota contra un muro. Nada de lo que yo decía parecía ayudar. Le pregunté si estaba viendo una consejera, lo que solo llevó a otros quince minutos de dificultades económicas.

Me alejé con dolor de cabeza, sintiéndome agotada. Pedí a Dios que me diera sabiduría y pudiera dar a mi amiga una nueva perspectiva. Yo quería decir la verdad, pero sin que pareciera como si tuviera todas las respuestas. Me gustaría que ella viera que en realidad estaba revolcándose en su dolor actual y empeorando las cosas. Ya temía nuestra próxima reunión.

Después de reunirse con su médico, Ester estaba agradecida de que las mujeres en su grupo manejaran el asunto sin juzgarla. Le agradeció a Dios que la enfermedad de trasmisión sexual fuera tratable y luego pidió en oración las fuerzas para hacer lo que Dios la llamaba a hacer.

No sé si pueda poner en palabras lo que se siente. El hombre al que le había entregado mi vida puso su adicción por sobre mi salud y mi vida. Fue como si hubiera puesto una pistola en mi cabeza jugando a la ruleta rusa. Para empeorar el asunto, él no tenía idea de cómo me sentía, ni ningún remordimiento por sus decisiones.

Esta nueva información acerca de la enfermedad de trasmisión sexual ha traído una profunda sensación de pérdida, pero también mucha claridad. Es como si una neblina se hubiera disipado y logro ver mis circunstancias con nuevos ojos. Dios es lo único que necesito. Él es quien sostiene el volante en este momento que sé que mi brújula está destrozada. Puedo confiar en que Dios me guíe. Mis finanzas están en orden y mis activos seguros. Todas las tarjetas de crédito están pagadas y están a su nombre o el mío, pero no juntas. He encontrado un apartamento y un abogado.

Mis sentimientos van de la ira a la tristeza. Incluso siento un remanso de paz al reflexionar en todo lo que Dios ha hecho hasta aquí, además está dándome fortaleza y sabiduría. Le agradezco a diario por su provisión y le confiaré el futuro. Sé que guiará el proceso de confrontar a mi esposo con mi decisión de divorciarme. Mi pastor estará conmigo y también mi Señor.

En cuanto a mi esposo, oro que esto le haga tocar fondo y encuentre la motivación para buscar la sanidad disponible en Cristo. Tardaré tiempo en perdonar, la herida es demasiado profunda. Aunque él me pidiera que no me fuera, no podría. Debería haber muchos cambios antes que pudiera sentirme segura, así que tendré que mirar desde la distancia. De cualquier modo, estoy segura con Cristo.

Ana aún está recuperándose de la última confesión de su marido.

Me sentí luchando por volver al antiguo lugar de enojo. Mi rabia me decía a gritos: «¡Vamos! ¡Explota! ¡Te sentirás mejor!». Gracias a Dios, la parte sana en mí y el Espíritu de Dios, fueron más fuertes. El Señor no me dejaría ir. Cada vez que me hallaba a solas con Cristo, su ánimo me mantenía enfocada en su verdad.

Vías de diálogo recorrieron mi cabeza como serpentinas: «Mírate. ¡Bien hecho! ¡No volaste hacia esa vieja rabia!». «No permitiste que esta nueva información borrara todo el buen trabajo que ya se ha hecho». Luego la sorpresa: «Tu esposo se arriesgó a ser sincero… ahora que las cosas estaban mejorando». El último rezago de ira se desvaneció y levanté el teléfono.

Por la voz de mi esposo puedo afirmar que no estaba seguro

de lo que yo iba a decir. Le pregunté si podíamos almorzar juntos y estuvo de acuerdo.

—¿Debo usar armadura? —preguntó.

—Creo que no puedo culparte por preguntar —respondí riéndome.

El humor alivió la tensión y realmente tenía muchas ganas de encontrarme con él. Decidí usar un vestido que es uno de sus favoritos. Incluso me sorprendí canturreando.

El almuerzo salió bien, pero no perfecto. No pudimos ponernos de acuerdo en qué y cuándo decirles a los chicos. Mi esposo no estaba seguro por qué debían ser heridos de nuevo. Supuse que estaba protegiéndose. Así que sugerí que ambos oráramos al respecto y que habláramos con alguien que estuviera más allá en este proceso. Nuestro almuerzo no fue el festival de amor que yo había esperado, pero fue otro paso hacia adelante.

Aún tenía que trabajar en el ámbito de la confianza. Había perdonado a mi esposo, pero se necesitaría mucho más tiempo para reconstruir la confianza. Ambos teníamos que ocuparnos de eso, una nueva reacción a la vez. También tomaría tiempo para que él dejara de esperar que la antigua Ana apareciera furiosa.

La amiga de Teresa llevaba consigo la basura tóxica del resentimiento y la falta de perdón y la arrojó sobre Teresa en su última reunión. Parecía que su amargura aumentaba continuamente con cada infracción percibida. Atascada en la fosa, cada día la cavaba más y más, añadiendo nuevas justificaciones. Ella no podía ver que lo profundo de su fosa estaba interfiriendo en su amistad con Teresa.

Por otra parte, Teresa siguió entregando el orgullo y la ira a Dios. Incluso después de esta nueva y profunda herida de su compañera de oración, en lugar de arrastrarse en el foso con ella, Teresa decidió confiar en Cristo. Al haber decidido no dejarse atascar por las reacciones de los demás, permitió que el desencanto de la situación de su amiga la motivara a cuidar de sí misma.

Marcó una increíble diferencia que Ana diera un paso atrás por la reciente confesión de su esposo. Al no permitir que su ira alimentara el fuego, dejó que el Espíritu de Dios le ministrara con verdad. Nadie le dijo que no tenía derecho a estar enojada, o que sencillamente debía olvidar lo que sucedió. Sin embargo, pudo ver la situación desde otro ángulo e ingresar al proceso de perdonar.

Nunca es fácil perdonar y se hace más difícil cuando el ofensor no muestra arrepentimiento. Parecería tener sentido esperar que un esposo ofensor pida perdón. Pero esto lo coloca en el asiento del conductor, permitiéndole de manera eficaz decidir cuándo la esposa seguirá adelante y si lo hará. La decisión de una esposa de sanar no debería tener nada que ver con la comprensión que su esposo tenga de lo que ha hecho.

La mejor razón para perdonar es porque Cristo me pide hacerlo y porque me perdonó primero. Si he aceptado el perdón ofrecido en la cruz al exorbitante precio de su vida, ¿cómo entonces podría negarme a dar algo menos? La historia del siervo infiel que se encuentra en Mateo 18:21-35 nos deja en claro lo que Dios quiere y cómo me ve cuando me niego a perdonar a los demás.

No quiero dar la impresión de que el perdón sea fácil o que debería serlo. No obstante, aferrarse al dolor y permanecer encadenada a acontecimientos pasados a la larga es mucho más duro. No solo consume más energía, sino que verifica las mentiras del enemigo. Una mentira afirma: «Si me aferro a esta ira durante mucho tiempo, mi esposo "tendrá" su merecido». Otra dice: «Si lo perdono, él quedará impune». O: «Necesito aferrarme a mi derecho de castigarlo con mi ira».

Hay muchas variaciones a las mentiras anteriores, pero quien no perdona es quien se queda con el dolor. El perdón es la única manera de ser libre del pasado y del dolor. Dejar el juicio en manos de Dios es dejarlo en buen lugar, ya que Él es el único realmente justo y recto. Que una esposa siga adelante le trae paz como ninguna otra cosa puede lograrlo. A pesar de que ella tiene una cicatriz, con el tiempo esta no dolerá al tacto.

También es importante comprender que perdonar no significa permanecer con la persona abusiva, o renunciar a la búsqueda de una restitución si se justifica, o declarar en un tribunal. Significa que dejar que las consecuencias naturales sucedan es para el crecimiento de la otra persona, no para hacerte sentir mejor, para alimentar tu venganza o para suplir tu necesidad de justicia.

Lo más probable es que sin nuestro acto de perdonar nos sentiríamos insatisfechas cualesquiera que sean los resultados legales. Las familias de víctimas de asesinato a veces esperan justicia por meses o años. Sin embargo, aun cuando el castigo al asesino se ajuste al delito, a menudo se sienten defraudadas. Aunque el criminal reciba la pena de muerte, esta no les regresará su ser querido. La única manera en que podemos seguir adelante es mediante la libertad emocional de perdonar. De otro modo nos sentimos como si estuviéramos arrastrando a la otra persona dondequiera que vamos. Esto no solo es agotador, sino que la carga afecta todo lo demás que hacemos y todas nuestras otras relaciones.

Se necesita tiempo para que crezcan alas. A la larva de la luciérnaga le crecen las alas dentro de su capullo. El espacio entre tu ira y tu disposición de dejar que la gracia de Dios obre en ti podría compararse con un capullo, e hilar ese capullo es una ardua labor. Por tanto, debes hacer el trabajo y luego tener paciencia. Al igual que la larva antes de su transformación, no puedes saber lo libre que te harán sentir esas alas hasta que las pruebes. Es posible que al principio tengas que creer en mi palabra, pero una vez que tomes vuelo y experimentes el viento debajo de tus alas, entenderás que perdonar te ha brindado libertad. El primer paso es estar dispuesta, deja que Dios haga el resto.

He aquí algunos destellos más a medida que te crezcan las alas:

- Perdonar es una decisión, no es un sentimiento.
- Perdonar es un proceso.
- Dios nos llama a perdonar.
- La falta de perdón bloquea el crecimiento y nos produce amargura.
- Vuela con las alas de la libertad.

Luces en el camino

No juzguéis, y no seréis juzgados; no condenéis, y no seréis condenados; perdonad, y seréis perdonados (Lucas 6:37).

Un mandamiento nuevo os doy: Que os améis unos a otros; como yo os he amado, que también os améis unos a otros. En esto conocerán todos que sois mis discípulos, si tuviereis amor los unos con los otros (Juan 13:34-35).

¿Qué, pues? ¿Somos nosotros mejores que ellos? En ninguna manera; pues ya hemos acusado a judíos y a gentiles, que todos están bajo pecado (Romanos 3:9).

Bienaventurados aquellos cuyas iniquidades son perdonadas, y cuyos pecados son cubiertos. Bienaventurado el varón a quien el Señor no inculpa de pecado (Romanos 4:7-8).

Quítense de vosotros toda amargura, enojo, ira, gritería y maledicencia, y toda malicia. Antes sed benignos unos con otros, misericordiosos, perdonándoos unos a otros, como Dios también os perdonó a vosotros en Cristo (Efesios 4:31-32).

Soportándoos unos a otros, y perdonándoos unos a otros si alguno tuviere queja contra otro. De la manera que Cristo os perdonó, así también hacedlo vosotros. Y sobre todas estas cosas vestíos de amor, que es el vínculo perfecto (Colosenses 3:13-14).

Tu diario personal

Es hora de alejarte y pasar un poco de tiempo reflexionando en tus libros. No son libros físicos, sino tu sistema de contabilidad emocional. Pide a Dios que te muestre si estás aferrándote a algo contra alguien. El objetivo es tener equilibrio: que ni debas ni te deban. En todo lo posible mantente en paz con los demás; tan solo hazlo. El primer paso podría ser simplemente estar de acuerdo con Dios en que tienes carencias, entonces permítele que te muestre cómo dejarlas. Tal vez te pida que vayas donde la otra persona y le pidas perdón. Recuerda: Dios te dará la fortaleza y proporcionará el camino.

CAPÍTULO 9

Prismas

Aceptación de los diseños de Dios

Una vez que a los rayos del amor de Dios se les permite penetrar el corazón, los viejos pozos sombríos se inundan de luz. Salimos de la oscuridad, iluminadas por la gracia de Dios, y empezamos a irradiar un poco de esa luz. Al igual que la luz del sol a través de un *prisma*, cuando el amor de Cristo alcanza las gotas de lluvia en nuestros corazones, se refleja en nuevos colores: chispas de amor, gozo, paz, paciencia, benignidad, bondad, fe, mansedumbre y templanza.

El significado del arco iris de Dios en el libro de Génesis es su promesa. Sus promesas se vuelven personales para mí cuando siento el íntimo cuidado del Señor en los tiempos difíciles. Ahora cuando veo un colorido arco pintado en nuestro cielo noroccidental, agradezco a Dios por su amor, gracia y esperanza.

Cada arco iris es levemente distinto. Varían en tamaño, anchura de cada banda de color e incluso en el número de tonos identificables. Pero la combinación correcta de lluvia y sol descompone la luz y revela los diferentes tonos. Por ejemplo, cuando mi vida está posicionada en medio de la luz de Dios, veo sus rayos de esperanza. La ironía es que esto es algo doloroso. Se necesita lo que podría llamarse una precipitación de nuestras lágrimas espirituales, refractando la luz del amor de Dios en un reflejo de toda su gloria. Por eso todas nosotras tenemos la potencialidad de reflejar la infinidad de rasgos del carácter de Dios. Todas somos singularmente bellas.

Antes de ir más lejos, es importante definir una palabra que es muy mal entendida. *Belleza*, según la norma del mundo, ha llegado a significar algo limitado, superficial y totalmente opuesto al plan original de Dios. Él ha creado en cada una de nosotras una obra de arte magnífica y completa y ha aplicado con cuidado cada pincelada artística. Aún más asombroso, Dios incorpora aquellas marcas que tenemos que han sido hechas por el enemigo y que estaban destinadas a estropear el diseño divino.

Semejante a cualquier obra maestra, nuestra belleza y valor no tienen nada que ver con la pintura, el óleo o el lienzo, sino con el Maestro que nos creó. La belleza de Dios nunca se desvanece y esa hermosura es la inigualable luz que brilla en cada alma humana. Esta luz representa la parte eterna de nosotras que ansía ser reconocida y usada según el plan maestro del Creador. Nadie más posee la exquisitez que te pertenece solo a ti.

Tal vez esta sea la primera vez que escuchas esta verdad. Al principio podrías tener dificultades en ver tu propia belleza. Igual que en una pintura impresionista, de cerca las pinceladas parecen hechas al azar y borrosas. Pero si retrocedes, la imagen se vuelve más clara. En una época, podía haber recitado una lista completa de razones por las que las palabras *belleza* o *exquisitez* no se aplicaban a mí. No conocía esta verdad: que ninguna debilidad o falla percibida podía reducir mi belleza. El Creador del mundo nos hizo a ti y a mí de manera maravillosa, conociendo todos los detalles de nuestras vidas. Sin errores. Dedica un momento y medita realmente en esta verdad. No esperes a sentir que sea cierta, toma la decisión hoy.

Por favor, no te saltes este paso importante. Algunas mujeres me han dicho que les era fácil creer que Dios amaba a otras personas, pero no a ellas. Esta es una mentira del mismo pozo del infierno; creerla te mantiene alejada de tu Padre celestial. Este Padre es el único que ama de forma perfecta, completa y sin condiciones. Tal vez Dios se haya reflejado o no en tu padre terrenal, después de todo él es un hombre que solo podía darte lo que él mismo tenía. Quizá sea el momento de tomar las esperanzas y los sueños relacionados con tu padre terrenal y ponerlos en el único Padre que tiene todo lo que necesitas. Él anhela bendecirte.

¿Te has dado cuenta de que vivimos en un mundo nefasto? Pero existe Aquel que es más grande que el mayor de los obstáculos, sufrimientos o heridas. Dios es el único que puede producir belleza a partir de cenizas. Entrégale tus cenizas.

Desde el momento de nuestro nacimiento, los mensajes negativos del mundo en cuanto a la belleza socavan la verdad de Dios. Se necesita un tiempo para reparar el daño. Cuando creemos que nuestra autoestima depende de características externas, nuestra imagen del yo desciende en espiral. Esto quizá empieza cuando la «niña bonita de ojos azules» recibe más atención o la chica «floja» recibe atención negativa. Entonces alguna otra niña, de su propio dolor, señala diferencias físicas que podemos tener. Añade a eso las palabras descuidadas de familiares y la espiral sigue descendiendo. El escondernos, los cambios, las vergüenzas y las heridas incluso nos llevan a mayor oscuridad.

En este momento necesitamos intervención divina. Sin ella, la energía que deberíamos poner en conocer a nuestro Salvador la gastamos en ropa, maquillaje, cirugía, dietas, ejercicios y todo libro de superación personal que podamos leer. De qué manera debe destrozar esto el corazón de Aquel que nos creó para ser como somos dentro de su propósito divino.

A menudo esta tendencia de estar criticando nuestros cuerpos se convierte en un fuego devastador cuando nuestros esposos nos traicionan. La mentira grita en nuestras mentes que tenemos la culpa. Lo entiendo, ya que pasé algún tiempo en el fragor de esta batalla. Muchos esposos también nos aplican su propio tipo de culpa en un intento de no asumir responsabilidad.

Me hallaba trabajando en asuntos de autoimagen, estudiando la Biblia y leyendo muchos libros. Al mirarme en el espejo sabía la verdad, aunque no la sentía. Entonces la adicción de mi esposo surgió y de inmediato fui directo a la mentira. A fin de reconocer lo equivocada que estaba, necesité mucho esfuerzo y que Dios me recordara sus verdades una y otra vez.

Ahora, después de haber guiado a muchas mujeres a través de la traición de un esposo, veo con claridad que los hechos no apoyan la mentira. Las mujeres que han pasado por mi grupo de apoyo son hermosas, vivaces y talentosas. Vienen en toda forma y tamaño, creyendo que la adicción de sus esposos fue por culpa de ellas. Entendí que el bagaje de mi esposo le pertenece a él y que el mío me pertenece a mí. Y aunque cada uno tenemos nuestro propio equipaje, a menudo se coordinan. No depende de él que me sienta atractiva. Debo saber quién soy en Cristo.

Teresa siguió hablando con su amiga, cuyo esposo no estaba dispuesto a realizar ningún cambio y esa resistencia estaba cobrando su precio en ella.

> Mi amiga estaba hablando de cómo la adicción sexual de su esposo había afectado la autoestima de ella. Sentí el impulso de decirle la verdad, pero me preocupaba el modo en que lo iría a tomar. La pregunta pareció saltar de mi boca y luego se quedó allí entre nosotras durante lo que pareció una eternidad.
>
> —¿De qué manera crees que tu atractivo se relaciona con la adicción de tu marido?
>
> El rostro de ella mostró molestia.
>
> —Bueno, desde luego, cuando tu esposo se descarría, lo menos que puedes es preguntarte: ¿En qué me equivoqué? —declaró.
>
> —Ah, sí —exclamé, sintiéndome como una hipócrita—. Me sentí igual y todavía lucho con las dudas, a pesar de saber la verdad.
>
> —¿Qué verdad?
>
> —La adicción sexual empieza cuando los hombres son jóvenes, incluso antes de conocer a sus esposas. Esta adicción no tiene que ver con sexo o atracción. Mira las noticias. Mira las hermosas modelos y estrellas cuyos esposos las han engañado. Mientras más leo, más veo que todas las adicciones tienen que ver con evitar dolor y escapar.
>
> —¿Dolor? ¿Cuál dolor?
>
> —Profundas heridas emocionales… como maltrato, abandono, padres ausentes o acostumbrados a criticarlo, cualquier cantidad de heridas que también son profundas para que un niño las procese.

Se hizo una larga pausa. Otra pregunta pareció deslizarse de mi boca.

—¿Por qué crees que tu esposo se volvió a la pornografía?

Pude darme cuenta del remolino que azotaba su mente y entonces una gran lágrima brotó de sus ojos, corrió por su mejilla y cayó sobre su regazo.

—Porque cuando mi esposo mira a otra mujer, cree que ellas son todo lo que yo no soy —susurró.

Aquel fue un momento tremendo para las dos. Yo comprendía el aguijón del sentimiento de inseguridad cada vez que una mujer atractiva pasaba. Traté de vivir de acuerdo con una norma ridícula y luego la abandoné como algo imposible. Gracias a Dios, la mentira pierde un poco más de poder cuando la sacamos y la miramos bajo la luz de la verdad. Dios me recordó su Palabra que afirma que fui formada de modo maravilloso. Le participé esa verdad a mi amiga y ambas resultamos animadas.

Incluso aproveché la oportunidad y hablé de nuestra conversación con mi esposo cuando llamó esa noche. Una actitud defensiva o de culpar había sido el patrón habitual en él, pero advertí delicadeza y empatía cuando reconoció otra pieza del dolor que había ocasionado. Esto fue algo nuevo.

Ester siempre se había mostrado confiada y «equilibrada»... por fuera. Se esforzaba mucho en la ilusión de convencerse de que tenía el control. Este nuevo nivel de ser dirigida por el Espíritu de Dios, no obstante, la hizo sentirse intranquila.

Me levanté esta mañana con todos mis planes elaborados. Mientras empacaba las maletas me fluyeron lágrimas libremente con todas las antiguas esperanzas y los sueños que yo había abrigado en mi esposo. Cuando finalmente le conté mi plan, él tan solo manifestó: «Haz lo que creas que debes hacer».

Hacer esos preparativos de dejar a mi esposo y mi casa hizo

que surgiera miedo dentro de mí. ¿Cómo me las arreglaría económicamente? ¿Cómo me iba a sentir sin un compañero en la vida? Yo ya no era joven. ¿Quién querría los desechos de otra persona? Las lágrimas se convirtieron en sollozos cuando alcancé mi Biblia. La abrí y mis ojos se posaron en Isaías 54:4-5. Dios dijo que yo no sufriría vergüenza y que Él era mi esposo. Así que seguí empacando, pero deliberadamente dejé fuera el miedo.

Una semana después que me mudé a mi nuevo lugar me sentía más fuerte. Dios estaba supliendo todas mis necesidades: económicas, prácticas, emocionales y espirituales. Cada vez que miraba su libro, que iba a la iglesia o que escuchaba nuestra estación cristiana local de radio, Dios me hablaba directamente.

Entonces llegaron los papeles del abogado de mi esposo. Fue él quien solicitó el divorcio. Los antiguos temores volvieron. Las palabras «Dios odia el divorcio» resonaban en mi cabeza. Al instante llamé a la líder de mi grupo. Yo no quería dar marcha atrás.

Esa mujer fue Jesús para mí cuando lo necesité. Oró por mí, recordándome el maravilloso amor del Señor por mi esposo y por mí. Entonces pronunció las más poderosas palabras: «Dios no desea el divorcio más de lo que quiere que tengamos dolor. Él ama a sus hijas; ama a las divorciadas». Ahora cuando la antigua mentira regresa a mi mente, contesto con: «Dios ama a las divorciadas, y me ama a mí».

Ana había dado un giro al permitir que Dios le transformara el corazón y le suavizara el temperamento. Estaba lista para enfrentar este nuevo reto y dar el siguiente paso de fe.

Cuando llamé a mi esposo a fin de fijar un tiempo para reunirnos, pude sentir que se sentía inseguro. Me preguntó si debía llevar a su abogado. Le contesté: «Tres son multitud», y luego sugerí con mi voz más seductora que nos reuniéramos en nuestro restaurante favorito donde solíamos tener cenas románticas. Su voz se suavizó cuando dijo: «Me encantaría».

Esperé con ansias, pero aún tenía que resistir esos antiguos temores al rechazo. Otra vez elegí uno de sus vestidos favoritos para usar y tomé mi tiempo para prepararme. Me sentía como una adolescente alistándose para su primera cita. Incluso mis hijos soltaron un silbido cuando bajé las escaleras. Pude sentir que ellos también tenían esperanzas respecto a esa noche, aunque no habíamos debatido la situación. No sabía qué decirles y no quería darles ninguna esperanza falsa, ni tenerla yo misma.

Cuando entré al restaurante, pude sentir que el corazón se me salía realmente del pecho. No logro recordar la última vez que eso sucediera. Cuando vi a mi esposo de pie con su mirada llena de amor en el rostro, se derritieron los helados e irritantes tonos que se habían levantado entre nosotros. Yo aún amaba a este hombre. Después de haber pasado por tanta agitación, esta era una calma bienvenida.

La conversación entre nosotros fue natural y sin tensiones. Hablamos de lo que habíamos estado haciendo durante nuestras vidas separadas, de los chicos y de Dios. Este era un hombre nuevo, quien hablaba con responsabilidad por su vida y por sus decisiones y estaba eligiendo fortalecerse más.

Los dos estuvimos de acuerdo en que era hora de que él regresara a casa. Lo tomaríamos con calma y pondríamos a Cristo en el centro por primera vez. Me encuentro llena de esperanza y gratitud.

El concepto de belleza sigue siendo distorsionado. Cada año crece el número de mujeres, en particular jóvenes, que se hacen cirugías plásticas. Aunque no necesariamente condeno esta cirugía o las mujeres que la eligen, mi corazón siente dolor por esta creciente tendencia que parece reforzar la mentira de que nuestro valor como mujeres se basa en nuestra apariencia física o la falta de ella. Se pone demasiado énfasis en este cascarón externo y no suficiente en el alma eterna que contiene.

Tratar de engalanar por fuera el vacío en nuestros corazones no es nada nuevo. Los productos químicos, las drogas, la comida, la posición, las compras, la imagen, la belleza, el juego, el sexo, los negocios... todo es tan vano como el vacío interno que se siente. Nada en la lista satisfará por mucho tiempo. Solo Dios puede darnos satisfacción eterna, porque nos diseñó para necesitarlo solo a Él como el único que puede llenar nuestro vacío. Necesitamos llenarnos del amor puro de Dios, el cual es el único remedio que produce satisfacción permanente.

¿Por qué entonces no todos los creyentes están satisfechos en el instante que aceptan a Cristo? Porque llevamos nuestro propio equipaje con nosotros. Vine ante Dios con deseos de paz y perfección. Supuse que, como creyente, yo había cambiado. Y así fue, para con Dios. Mi Padre celestial me veía mediante la sangre derramada de Cristo. Había sido aceptada y estaba absuelta de todas las acusaciones, pero todavía me encontraba destrozada y cargada de bagaje. Pasé mucho tiempo tratando de acomodar a Dios dentro de mi equipaje. Él fue y sigue siendo paciente conmigo porque el proceso de llegar a ser espiritualmente madura requiere tiempo. Cada día tengo que tomar una decisión: servir a Dios y aprender a adaptarme a mi nueva vida en Él. Debo permitir que Cristo viva por medio de mí. Algunos días tomo la desafortunada decisión de quedarme donde estoy.

Cuando entramos al matrimonio, tenemos que aprender mucho uno del otro. Debemos hacer ajustes a fin de que la relación crezca y sobreviva. Antes de la boda solo tenemos nuestras ideas o suposiciones acerca de la vida de casados: «Siempre amaré a mi cónyuge, y mi cónyuge me amará eternamente». Pero por experiencia aprendemos la verdad respecto al matrimonio: «¿Por qué discrepaste conmigo frente a mi madre? ¡Se supone que siempre debes ponerte de mi parte!». Por supuesto, muchas de nuestras ideas iniciales se confirmaron: «Quiero tener a alguien con quien cenar todas las noches». Pero también se añade nueva información; una frase común es: «No sabía eso acerca de ti». Algunas revelaciones son más fáciles de asimilar que otras: «¿Es el azul tu color favorito?». Pero todas cambian la relación: «Tienes razón. No lo volveré a hacer».

Al ser una nueva creyente, mientras más aprendía acerca de Dios, de Jesús y del Espíritu Santo, más quería conocer. Aunque era maravilloso leer acerca del amor y la provisión de Dios, aún más asombroso era experimentarlo. Estas experiencias revelaron suposiciones tanto correctas como incorrectas que yo tenía respecto a Dios. Cambiaron nuestra relación y revelaron bagaje que era necesario abandonar. Mientras más miraba a Dios, más claro era mi propio reflejo.

Este doloroso proceso de reflexión me mostró cuánta energía gastaba en las personas que me rodeaban: «Me pregunto qué pensarán de mí», o «Espero que el nuevo jefe de mi esposo no piense que no soy distinguida y elegante». Estas dudas procedían de la errónea suposición de que mi valor propio venía de otras personas; mi valor me lo daban o me lo disminuían las personas que me rodeaban. Es imposible tener que ser lo que otros esperan. A menudo quedé como una tonta y poniendo mi corazón bajo los pies de otra persona. Hasta me preocupaba lo que un transeúnte ocasional pudiera pensar.

Un pariente cercano de la preocupación por lo que otros pensaran era la propensión de compararme con otras personas. Ambas actividades mantenían mi mirada a la izquierda o la derecha en vez de mirar a Cristo. Ahora sé que las comparaciones producen desesperación, de modo que no las hago.

Antes que Dios me revelara lo contrario, suponía que el respeto y la bondad eran mi motivación para gastar tanta energía. Creía que mi intuición me permitía ser una amiga considerada y compasiva. También fui pisoteada. Mi ser fácilmente influenciable o manipulable hacía fácil que algunas personas crueles se impusieran sobre mí y crearan dolor personal. Cuando había tensiones en una relación, suponía que era culpa mía. De algún modo era responsable por los sentimientos de los demás. Mis pobres hijos eran simplemente una extensión de mí. Si se portaban mal, esto significaba que yo era una mala madre. La decisión de llevar el mundo sobre mis hombros era agotadora e inútil. Es imposible ser todo para todas las personas.

Aún lucho con querer impresionar a los demás. Dios hace un buen trabajo señalándome esto. Por ejemplo, digamos que busco elogios en un ambiente particular: «El comité de adorno se impresionará mucho con mi arreglo floral». En lugar de eso, podría recibir críticas: «¿Qué?

¿Dices que las flores van de acuerdo con la cortina?». Me enfado un poco y luego me doy cuenta de que al único que debo agradar es a Cristo: «Quiero que el arreglo floral refleje el amor que Cristo y yo nos tenemos». Cristo me ama demasiado para alimentar cualquier deseo diferente a mi deseo por Él.

Cuando entro en una situación como embajadora confiada de Cristo, queriendo ser un reflejo de lo que Él es y sin buscar nada más, es cuando vienen las felicitaciones. La ironía es que no necesito felicitaciones, así que le agradezco a Dios y se las devuelvo a Aquel que merece la alabanza. ¿Qué es lo que cambia las cosas? En el primer caso trato de demostrar mi valía; en el segundo, conozco mi valor y sé de dónde proviene: de Cristo.

Hay una delgada línea entre tener baja autoestima y estar enfocada en mí misma o ser narcisista. La línea es la humildad. Por una parte, estoy luchando para demostrar mi valía batallando contra las mentiras que dicen que no valgo nada. La otra parte dice que decido mi valía mediante la fama, la imagen, el intelecto, etc. En el medio está la verdad. Mi valía es invaluable y se basa únicamente en mi Creador. Esta verdad es un gran nivelador porque es cierta para todas nosotras. Mi valía no es más ni menos que la de cualquier otra persona. No somos nada excepto lo que permitimos que Cristo sea en nosotras. Me produce paz, libertad, propósito y valía comprender que no tengo nada que ofrecer aparte de Jesús *y* de la potencialidad ilimitada en Él que trae paz, libertad, propósito y valía. He aquí algunos destellos para iluminar tu autoestima:

- Soy creación de Dios.
- Todas las hijas de Dios son valiosas.
- Mi belleza es eterna.
- Mi valor está asegurado.
- Aparte de Cristo no puedo hacer nada.

Luces en el camino

Jehová Dios formó al hombre del polvo de la tierra, y sopló en su nariz aliento de vida, y fue el hombre un ser viviente (Génesis 2:7).

Tú eres la gloria de su potencia,
  y por tu buena voluntad acrecentarás nuestro poder.
Porque Jehová es nuestro escudo,
  y nuestro rey es el Santo de Israel (Salmos 89:17-18).

Alaben la misericordia de Jehová,
  y sus maravillas para con los hijos de los hombres.
Porque sacia al alma menesterosa,
  y llena de bien al alma hambrienta (Salmos 107:8-9).

No menosprecies, hijo mío, el castigo de Jehová,
  ni te fatigues de su corrección;
porque Jehová al que ama castiga,
  como el padre al hijo a quien quiere
  (Proverbios 3:11-12).

¡Salve, muy favorecida! El Señor es contigo; bendita tú entre las mujeres (Lucas 1:28).

Yo soy la vid, vosotros los pámpanos; el que permanece en mí, y yo en él, éste lleva mucho fruto; porque separados de mí nada podéis hacer (Juan 15:5)

Tu diario personal

Haz una lista de todas tus mejores cualidades; no se permite mencionar las negativas. Pide a Dios que guíe este proceso y que te muestre cómo Él te ve. A medida que leas acerca del amor, las promesas y los planes de Dios para sus hijas, conviértelo en algo personal. ¡Todo lo que Él tiene es para ti! Eres una obra maestra. Cada vez que te mires en un espejo, di en voz alta: «Soy formidable y maravillosamente hecha» ¡Aprópiate de esta verdad!

Ten cuidado también de las cosas que podrían desencadenar mensajes negativos en tu mente. En un tiempo, cada vez que un catálogo de ropa llegaba a mi casa, me sentaba a verlo y mi autoestima se desplomaba. Nunca compraba nada. Al contrario, cada imagen establecía una norma silenciosa, evidencia de que yo no estaba a la altura. El resultado siempre era insatisfacción con mi figura, cabello, ropa y maquillaje.

Ahora lanzo al instante dichos catálogos sin siquiera mirarlos. Quizá también debas poner límites si alguien o algo crítico en tu vida alimentan la bestia negativa. Simplemente reconoce que los comentarios hechos por una persona son más acerca de sus propios problemas y sufrimientos que de los tuyos. Aprende a negarte a aceptarlos. Luego ten cuidado con la trampa de la comparación.

CAPÍTULO 10

Luces en la senda

El camino por delante

En mi primera reunión del grupo de apoyo, la líder mostró un gráfico que describía el tiempo promedio para la sanidad. Mirándolo entonces, el cálculo de cinco años parecía toda una vida. La idea de permanecer en este lugar de dolor por tanto tiempo era insoportable. Podemos estar agradecidas de que este lugar de dolor no sea constante durante esos cinco años. Al igual que con cualquier proceso de sanidad, el dolor disminuye con el tiempo y algún nivel de función normal regresa. Por otra parte, hay trabajo duro y contratiempos a lo largo del camino. Ahora, pasada la marca de cinco años, puedo decir enfáticamente que bien vale la pena hacer el trabajo y que la recompensa es inmensa.

Es bueno tener alguna idea de qué esperar. Desde luego, cada situación tiene aspectos únicos. Sin embargo, en general el primer año es el más difícil, empeorado en el probable caso de varias recaídas del esposo. Sin embargo, ahora tienes las herramientas de los capítulos anteriores para ayudarte a sobrevivir. Algunos capítulos son para hoy y otros tendrán más sentido cuando hayas avanzado en el camino de la sanidad. Hay mucha información para asimilar en estos capítulos, así que regresa a este libro de vez en cuando; diferentes capítulos se destacarán.

Tu viaje por la senda hacia la sanidad es impulsado hacia adelante cuando llegas a comprender que no puedes controlar a tu cónyuge y que no toda tu situación tiene que ver con él. Tu actitud marca el tono. ¿Estás dispuesta? ¿O eres obstinada e iracunda? ¿Puede tu esposo acudir a ti sin condenación e ira de tu parte? ¿Crees que ser abierta y receptiva significa que lo que él hizo estuvo bien? Tener fuertes emociones es normal cuando estamos en gran dolor, pero hay un costo implicado en no tratar adecuadamente con nuestra ira. Sé consciente de lo tóxica que puede ser la ira sin resolver, un tema mencionado en el capítulo 6. Además, tratar con la ira no es algo de una sola vez. Nuevas capas de dolor saldrán a la luz y entonces tendrás que tratar de nuevo con la ira.

Otra clave para el viaje es estar consciente de los tiempos fuera de control que siguen llegando, aunque no tan a menudo y no siempre a causa de la adicción sexual. Estas son épocas en que sientes una creciente insatisfacción. Las entiendo tanto que puedo reconocerlas más temprano que tarde. Me vuelven irritable, negativa, crítica y me hacen sentir infeliz. Si permito que esos sentimientos continúen por mucho tiempo, quedo paralizada, sin ningún deseo de hacer algo productivo.

Estar fuera de control empieza con una mentira que se cree. Para mí a menudo es acerca de la importancia de mi apariencia. Si no rastreo esa mentira y la trato con el bálsamo de la verdad de Dios, se encona. Pronto se extiende y aparece otra mentira y otra relacionada hasta que me convenzo que a nadie le importa mi vida, ni siquiera a Dios. Mi falta de valor es evidente. Incluso mientras escribo esto es claro que estos mensajes son realmente mentiras, que es un estado ridículo en el cual estar porque *conozco* la verdad. Cuando me encuentro en esta condición negativa, no puedo ver la verdad. Intento orar, pero se siente inútil. Mi boca declara: «Esto no es cierto», pero mi corazón no lo cree.

Por consiguiente, ¿cómo puedo salir? Debo reconocer que necesito ayuda y luego pedirle a Dios que intervenga. Parte de mí no quiere su ayuda porque estoy segura de que Él tan solo confirmará lo que ya sé: que la culpa es mía, sea lo que sea. Me olvido en el momento que ser inculpada no es lo mismo que ser condenada. La voz que me condena por esta fiesta de autocompasión no es la del Señor. Dios debe regresarme al lugar en que la mentira original apareció por primera vez. Cuando me humillo y pido en oración, aunque no sienta hacerlo, su Espíritu Santo me mostrará la verdad.

Siempre debo regresar a lo básico: Dios me ama; Él me formó con un plan en mente; no puedo trabajar en el plan sin Él. Luego cuento las muchas bendiciones y miro todas las veces que Dios fue fiel en el pasado. A veces el progreso viene rápido, otras veces tarda más tiempo, pero Dios siempre honra mi petición de volver a su regazo. Lo único que he observado es que los progresos por lo general se basan en crisis nerviosas.

La verdad es la medicina que trata las mentiras. Mantente en la palestra de la verdad. Sin embargo, algunas verdades son más difíciles de aceptar al principio. Recuerdo cuando comprendí que, aunque mi esposo estaba recibiendo ayuda y trabajando en sus problemas, aún podía caer. Yo veía hombres que intentaban y fallaban una y otra vez. Ellos están siempre a corta distancia de una mala decisión de volver a deslizarse en su adicción. Esta verdad creó un muro de sospecha que se cerraba en mí cada vez que mi esposo viajaba. Entonces Dios me mostró tiernamente que la potencialidad de la traición es una realidad en toda relación y en cada persona. Aunque me divorciara de mi esposo y volviera a casarme, conseguiría otra persona también con equipaje. Mi fe tenía que estar puesta en Dios y en nadie más.

Una vez que cambié toda mi esperanza y la puse en Dios, vi actuar al Señor en mi esposo. La luz se encendió. Mientras pusiera mi fe en Cristo, cuya obra se refleja en mi esposo, todos estaríamos en equilibrio: Cristo, mi esposo y yo. Cuando una duda intenta entrar a rastras, recuerdo las maneras recientes en que Cristo ha sido evidente en mi esposo. Luego visualizo a Jesús allí mismo con Dave dondequiera que esté. Por último, le agradezco a Dios por ser fiel en hacerme conocer todo lo que debo saber.

Al reflexionar en los últimos cinco años, me asombra todo lo que Dios ha logrado en mi relación con Él. No es que yo ya haya llegado, pero estoy avanzando. Dios ha utilizado mis temores y mi vergüenza para mostrarme nuevas profundidades de su maravilloso amor y carácter. Cada nueva revelación que me ofrece me anima a seguir conociéndolo. Solo Dios puede tomar una mujer con la cabeza agachada por la vergüenza y convertirla en vocera del mismo tema que le ocasionó la vergüenza en primera instancia.

La experiencia de la traición y la revelación también me ha mostrado algo para mis dos hijas. Ellas eran adolescentes cuando sus vidas dieron un giro inesperado. Nunca olvidaré el día en que su padre destrozó para siempre el mundo idealista en que se hallaban. Al igual que yo, lo habían colocado sobre un pedestal que debía ser derribado para que Dios pudiera ocupar el lugar central en sus vidas. Ahora, cuando se relacionan con hombres, están más cimentadas en la realidad y preparadas con conocimiento. Estoy realmente agradecida de que también ellas sean más fuertes después de haber atravesado por el dolor.

Lamento los años que les envié mensajes contradictorios. Pasé mucho tiempo dialogando con las chicas acerca de Dios y hablando de lo bueno y lo malo… mientras todo el tiempo modelaba codependencia. El beneficio adicional de dejar que Dios me cambiara es el efecto de propagación en quienes me rodean. Qué desperdicio de energía es tratar de cambiar a alguien, pero cambia tú y estás dándoles permiso a otros y un mapa para que hagan lo mismo.

Esta verdad llegó a casa dos años atrás cuando me hallaba trabajando en mi computadora. Mi hija menor estaba en casa viendo a Oprah por televisión. La mayor, que estaba en la universidad, llamó para ver si yo estaba viendo a Oprah. Bueno, esto no era algo raro puesto que solíamos ver juntas el programa cuando mi hija mayor estaba en casa. De los temas del programa salieron muchas buenas conversaciones entre madre e hija. Le contesté que Sarah estaba viendo el programa, pero que yo estaba trabajando.

Mi hija mayor explicó que había una joven en el programa que era una hermosa modelo. Esta joven había dado a conocer a los televidentes su triste secreto: que siempre había tenido baja autoestima y que no podía creerlo cuando otras personas le decían lo linda que era. La joven le oró a Dios pidiéndole que durante diez minutos pudiera verse del modo que los demás la veían. Mi hija, quien estaba llorando, confesó que sentía lo mismo. A menudo me pregunté por qué mis hijas, ambas hermosas por dentro y por fuera, no parecían saber esta verdad. Todo el tiempo les decía que eran hermosas. Así que apagué la computadora y fui a la sala de estar. Allí mi hija menor estaba sobre el sofá con lágrimas bajándole por el rostro.

Mientras veía ese programa, Dios encendió la luz en mí. Esa adorable modelo no podía verse hermosa porque su propia madre no se veía de ese modo. Mi madre me había transmitido lo mismo y yo también lo había hecho con mis hijas. Me dolió en el corazón cuando me di cuenta de que mis años de luchar con problemas de imagen corporal se habían transmitido, aunque me esforcé por no cargar a mis hijas con un legado tan negativo. Me volví hacia Sarah, con Laurel al teléfono y pedí perdón por no tratarme a mí misma con más respeto y luego manifesté: «Las tres somos mujeres hermosas». Entonces me prometí a mí misma y también a ellas: Haré todo lo posible por envejecer con dignidad para que ellas también puedan hacerlo.

Las mujeres traicionadas que tienen hijos a menudo debaten sobre cuánto decirles acerca del estado de la familia y cuándo hacerlo. Cada situación es única, y repito, permite que Dios guíe el camino. Esto significa que el temor y la vergüenza ya no tienen voz. La sinceridad no es un error. Te garantizo que tus hijos saben que algo está mal sin que importen sus edades. Simplemente podrías decir: «Papá y mamá están teniendo problemas en el matrimonio, pero nos hemos comprometido a resolverlos. Oren por nosotros». Después permite que sus preguntas dictaminen qué más decir. Mientras mayor sea el hijo, más preguntas tendrá. Si no estás segura en cuanto a las respuestas, dile: «No estoy segura». No tienes que tener todas las respuestas. Confía en que Dios guíe el momento y lo que tengas que decir. Luego dirige a tus hijos a su único padre perfecto: Jesucristo.

Cada mujer que llega al grupo de apoyo quiere estar segura de la confidencialidad de lo que exprese. La vergüenza es profunda. La mayoría de nosotras ha pasado mucho tiempo asegurándose que todo luzca bien por fuera. Se necesitaron años para decir esto a algunos miembros de nuestra familia. Todavía me preocupa lo que los demás piensen. ¿Por qué entonces escribir un libro? Simple: porque Dios ha convertido la vergüenza en algo muy positivo y quiero que el mundo lo sepa. Él me ha dado la capacidad de plasmar las palabras por escrito y ha guiado el proceso.

No obstante, tú o cualquier otra mujer que conozcas tienen el derecho de retener o participar información con familiares y amigos, o con el mundo entero, según sea conveniente. Toda participación debe ser dirigida por Dios. Algunas mujeres acuden al grupo de apoyo para pedir ayuda y luego siguen en forma saludable después de hablar con otras mujeres. Si vas a comunicar o no el problema, ten cuidado de que la decisión sea solo entre tú y Dios. Estoy muy segura de que al principio no me habría inscrito para ser el mejor ejemplo de traición por adicción sexual. Pero Dios me mostró, una mujer herida a la vez, cómo hablar de mi experiencia podía animar a otras mujeres. A medida que te fortalezcas, no te sorprendas de lo que Dios hará por medio de ti.

Las historias de Teresa, Ester y Ana se han dejado en lo que podría parecer como el término medio. Pues bien, así es en la vida real: poco puede encerrarse con una reverencia o con la declaración: «Y vivieron felices para siempre». Ni siquiera Ana tiene esa garantía. Lo que espero que hayas visto son las tres situaciones diferentes, las maneras de responder y los resultados; esta es la realidad. No todos los esposos reciben ayuda o mejoran, pero todas las mujeres que buscan a Cristo lo encuentran y en Cristo está toda esperanza.

Este no es un sentimiento que se desmorona bajo presión, es la verdad. Cada vez que veo una decisión judicial que protege a una mujer y sus hijos; cada vez que, en su adicción, un esposo deja que su esposa tenga más de lo que el tribunal le permitiría; siempre que Dios muestra su provisión milagrosa cuando nada parece estar a favor de una esposa… me siento honrada otra vez de su maravillosa gracia. He visto demasiado para dudar de la capacidad de Dios a tu favor.

Me es difícil decir cuándo el amor de Dios fue más hermoso: cuando Cristo agarró los lugares oscuros de mi vida y los utilizó para profundizar mi comprensión, o cuando pintó una pincelada dorada de bendición en un generoso acto de amor en la cruz. Ambas cosas me cambiaron. Todo es evidencia de mi necesidad de Él en abundancia y en necesidad. Me cuesta esperar la próxima pincelada.

Recuerda que la sanidad es un proceso. Al final de este libro todavía tendrás dolor y tus propias fosas oscuras. Pero ten ánimo, Dios te ama demasiado para dejarte allí. Todo y más de lo que ha hecho por mí y por las mujeres que conozco lo hará por ti. Regresa a lo que dije en la introducción: mientras más energía pongas en el proceso de conocer a Dios y por medio de Él conocer la sanidad, más te beneficiarás. Habrá fosas oscuras, pero también mucha luz.

El tiempo y la verdad irradiarán nueva luz a tu situación. Dios tomará lo que estaba destinado al mal y lo utilizará para bien. Tu historia ya no será de vergüenza y temor, sino de victoria sobre el sufrimiento. Confío en que Dios proveerá todo lo que necesitas para el viaje por delante y oro que este libro sea un faro de esperanza a lo largo del camino. He aquí algunas ideas y nuestros últimos destellos. No te preocupes, ¡hay mucho más en el lugar de donde vinieron!

- Da el siguiente paso práctico.
- Concédete gracia.
- La condenación no es de Dios.
- Ninguna situación es demasiado grande para Cristo.

He aquí algunas ideas para el próximo paso:

1. Permanece en la presencia de Dios con tiempo continuo a solas, escribiendo en tu diario y leyendo su Palabra.
2. Si no eres parte de la familia de una iglesia, busca la correcta.
3. Busca grupos de apoyo en tu región o ayuda en la Internet.
4. Encuentra una consejera cristiana que se fundamente en la Biblia. Ora antes de hacerlo. También es una buena idea formular una lista de preguntas para hacer a cada consejera. Es importante permitir que Dios te guíe a la persona adecuada.

Ejemplos de preguntas:

- ¿Orarás conmigo?
- ¿Verás después a mi esposo?
- ¿Has tratado mucho con _______________ (llena el espacio con el problema que enfrentas)?

Luces en el camino

Inclina tu oído y oye las palabras de los sabios,
  y aplica tu corazón a mi sabiduría;
Porque es cosa deliciosa,
  si las guardares dentro de ti; si juntamente se
  afirmaren sobre tus labios.
Para que tu confianza sea en Jehová,
  te las he hecho saber hoy a ti también
  (Proverbios 22:17-19).

> De cierto, de cierto os digo: El que oye mi palabra, y cree al que me envió, tiene vida eterna; y no vendrá a condenación, mas ha pasado de muerte a vida (Juan 5:24).

> En lo que requiere diligencia, no perezosos; fervientes en espíritu, sirviendo al Señor; gozosos en la esperanza; sufridos en la tribulación; constantes en la oración (Romanos 12:11-12).

Sé un aprendiz toda la vida, mantente en el proceso.

Tu diario personal

Toma algún tiempo para ti y sueña. Escribe una oración a Dios con relación a cómo se ve tu futuro ideal. Sé sincera respecto a las cosas que se sienten demasiado grandes y también a las promesas en la Palabra de Dios que son difíciles de creer ahora mismo. Da un paso de fe y dile a Dios lo que necesitas. Sé específica.

A continuación, echa un vistazo interior a tus dones, habilidades y deseos secretos. Imagina un futuro con potencialidades y recursos ilimitados; luego imagínate allí. ¿Qué estarías haciendo? ¿Escribirías, pintarías, enseñarías o aprenderías a volar, esquiar o danzar?

Cualquiera que sea tu actividad o trabajo de ensueño, susúrraselo a Dios y escríbelo como una petición entre tú y Él. Ahora escucha su voz y espera la respuesta con un corazón expectante. Él es un Padre que le gusta dar buenos regalos a sus hijas, ¡y esa eres tú!

CAPÍTULO 11

Refracción

La perspectiva de mi esposo

Aún podrías tener algunas preguntas. Tal vez yo pueda contestar algunas de ellas. Tengo mucha experiencia respondiendo preguntas. Dos o tres veces al año junto a otros dos líderes de nuestro grupo Solo Para Hombres (SPH) (hay más información en el Apéndice B), vamos a cada nueva sesión de la clase Corazones en Sanidad. Nuestro propósito es contestar las preguntas de señoras con respecto a la adicción sexual de sus esposos. SPH se reúne en nuestra iglesia y es un lugar donde los hombres encuentran sanidad, respuestas y responsabilidad para tratar con su adicción sexual. Cuando Meg me pidió que escribiera el último capítulo de este libro, pensé que lo mejor que podía hacer era proporcionarte respuestas a algunas de las preguntas más comunes planteadas por mujeres que están en la misma situación. Ante todo, déjame darte algunos antecedentes.

Nunca olvidaré la primera vez que fui a una sesión de Corazones en Sanidad. Me hallaba ansioso porque esperaba que las mujeres estuvieran enojadas. No conmigo, sino con todos los hombres en general. Anticipé que estaría entrando a un ambiente hostil. Es verdad, había dos señoras que estaban furiosas. Pude verlo en sus rostros. Pero lo que vi con mayor claridad fue sufrimiento en ellas. Además del dolor, el miedo y la ira, había algo más: amor. Esto era algo inesperado.

Nadie lo expresó de manera verbal, pero allí estaba. Apareció en las lágrimas de las damas y estaba presente en sus preguntas. El amor era evidente en su deseo de saber por qué sus esposos se comportaban de este modo. También había algo más. Pude sentirlo. Estas mujeres querían respuestas, pero lo que más deseaban era esperanza de que sus matrimonios pudieran restaurarse y que el amor pudiera sobrevivir. Deseaban esperanza de que sus esposos pudieran hallar sanidad y esperanza de que, de algún modo, el mundo volviera a tener sentido.

Si me permites, déjame pararme en la brecha y decir que siento mucho que tu esposo te haya traicionado. No hiciste nada para causar esto ni había algo que pudieras haber hecho para evitarlo. Aunque has estado profundamente afectada por las malas decisiones y la conducta de tu esposo, estas le pertenecen solo a él. Debo reiterar que la adicción sexual (AS) de tu esposo no tiene nada que ver con el sexo. Por completo tiene que ver con evitar el sufrimiento (escape) y con la adicción. Tu esposo descubrió a una edad muy temprana que el sexo, más específicamente los químicos que se liberan en su cuerpo durante la actividad sexual, son una manera de hacer frente a los «problemas» en su vida. Una de las mentiras que los adictos sexuales creen es: «El sexo es mi mayor necesidad». Un motivo de que la AS sea diferente de otras adicciones (alcohol, drogas, comida, trabajo, etc.) es el gran descalabro y la tremenda destrucción que causa a nivel relacional. La Biblia nos dice que «todos los demás pecados que una persona comete quedan fuera de su cuerpo; pero el que comete inmoralidades sexuales peca contra su propio cuerpo» (1 Corintios 6:18, NVI). Es importante que sepas que no tienes la culpa.

He aquí algunas preguntas que he recibido de mujeres en la misma circunstancia. Espero que mis respuestas te ayuden a entender un poco más acerca de aquello con lo que tú y tu esposo están tratando.

¿Cómo te sientes respecto a que Meg escriba este libro?

Al principio estuve reacio y temeroso. La posibilidad de que miles de personas conocieran mi historia era abrumadora. Oré y busqué la dirección de Dios. Analicé el tema con algunos amigos muy cercanos y finalmente decidí que debía confiar en Dios y rendirme a su voluntad. Tengo que confesar que mi preocupación principal era egoísta: «¿Qué pasará con mi reputación?». Una vez que le entregué eso a Dios, la decisión fue fácil. Dejé que Dios hiciera su obra… tomando lo que estuviera destinado al mal y usándolo para bien.

Me sorprende que la primera vez que hablé algo de mi historia, varios hombres confesaran que luchaban con la pornografía. No estoy solo, ni mi situación es única: la adicción sexual es más frecuente de lo que podría pensarse. La única manera de empezar a tratar esta adicción es ponerla al descubierto y debatirla. No puedo cambiar lo que ha pasado y siempre me arrepentiré de las decisiones que tomé. Pero también puedo seguir avanzando, centrándome y comunicando la asombrosa gracia que Dios nos concede a todos.

¿Puedes señalar con precisión cuándo empezó todo?

Todo hombre con quien he hablado sabe cuándo comenzó su AS. Para la mayoría se inició cuando tenían cerca de diez años de edad y encontraron el escondite de pornografía de su padre. Para algunos, el inicio fue después que uno o ambos padres los maltrataran en forma sexual, física o mental. El punto de inicio más común ha sido después de ver pornografía. La tendencia de crecimiento más rápido es de jóvenes confesándome que su problema comenzó después de ver pornografía en la computadora. La introducción de la Internet ha hecho que la pornografía más brutal sea accesible a cualquier persona veinticuatro horas al día en la privacidad de sus propias alcobas.

Cuando tenía diez años, encontré un escondite de pornografía (*Playboy*, *Hustler* y novelas no aptas para menores de dieciocho años). Hasta ese momento nunca había visto fotos de mujeres desnudas. Todavía puedo recordar la oleada de adrenalina y otras sustancias químicas corriendo a través de mi cerebro y mi cuerpo. Al instante encontré la respuesta a mi soledad. O al menos eso creí. Lo que no esperaba fue la intensa sensación de culpa y la vergüenza que siguieron.

Mis padres tenían cuarenta y tantos años cuando yo nací y para esta época a menudo me encontraba solo. Mi hermana del medio aún vivía en casa, pero trabajaba e iba a la universidad. Según descubrí durante la consejería por mi AS, uno de mis «detonantes» fue sentirme solo. Los detonantes son cosas que desencadenan el ciclo de AS. Los detonantes varían pero, por lo general, incluyen tener hambre, ira, soledad y cansancio. Fuertes emociones pueden ser un detonante. Los hombres típicamente no relacionan los detonantes con su adicción. Por eso es esencial recibir consejería y formar parte de un grupo de apoyo. Una vez que pude identificar la soledad como un detonante, logré luchar contra esa sensación con el hecho de que, en realidad, nunca estoy solo. Dios siempre está conmigo. He aprendido a valorar este hecho y me ha brindado gran consuelo.

Un error común de pensamiento del que los hombres caemos presa es: *Otra persona tiene la culpa*. Culpar a mi padre durante años fue fácil. Él no estaba allí. La mentira era que, si él hubiera estado más en sintonía y disponible para esas conversaciones críticas, yo nunca habría quedado «enganchado». La verdad es que, si no hubiera comenzado entonces, lo habría hecho más tarde. Hace poco que descubrí cómo mis decisiones causaron o empeoraron las dificultades de la vida. Elegí la ruta de escape. Muchos de mis amigos durante mi crecimiento se volvieron al alcohol o las drogas. A cada paso del camino tomé decisiones para continuar con mi adicción y sabía que esas decisiones eran malas. La culpa me mantenía escondiéndome y regresando a la adicción.

¿Por qué mi esposo no me habló antes de su problema?

Lo más probable es que creyera que lo abandonarías. Recuerdo haber sido impulsado por el Espíritu Santo para hablarle a Meg a principios de nuestro matrimonio acerca de mi adicción antes que esta avanzara más. Creí realmente que ella habría salido corriendo del lugar gritando y que nuestro matrimonio concluiría. Una de las diferencias entre la AS y otras formas de adicción es la vergüenza y la culpa asociadas con ella. Hoy día, cuando alguien admite ser alcohólico o drogadicto, lo felicitan por su valor para admitir sus luchas. Ese no es el caso de los hombres que luchan con AS. No solo experimentan sentimientos de culpa y vergüenza por su adicción, sino que la sociedad incluso niega que se trate de una adicción. La gente ríe y hace chistes, o automáticamente supone que todos los hombres con AS son violadores o depredadores de niños.

La mayoría de hombres resulta atrapada. Algunos confiesan antes que su vida secreta se descubra. Para mí, el momento decisivo vino después de otro «fracaso». Recuerdo claramente haber confesado a Dios que yo no podía continuar por más tiempo. En ese momento sentí que Dios se alejaba y experimenté una profunda sensación de soledad tan absoluta que me asustó. Entonces volví a sentir la presencia de Dios. En ese momento me mostró que, en realidad, yo nunca había estado solo. Él siempre había estado allí. También me declaró que era hora de contarle todo a Meg. Sabía que la única manera de emprender el camino de la recuperación era enfrentar directamente mi vergüenza y mi culpa. Era hora de que estas sensaciones sombrías vieran la luz del día. ¡Lo más difícil que he hecho en toda mi vida fue contárselo todo a Meg!

¿Necesito saberlo todo?

La respuesta es sí y no. Tu esposo sí necesita contarte todo, en especial si ha tenido contacto físico con otra mujer. Por difícil que sea oírlo, es importante por dos razones. Primera, por tu seguridad, así sabrás a lo que has estado expuesta. Y segunda, es la única manera de que tu esposo pueda comenzar el proceso de recuperación.

Cuando finalmente Dios consiguió que me desmoronara, dos cosas entraron a mi mente. La salud de Meg estaba potencialmente en riesgo y Dios aún estaba en control. Él me aseguró que lo que debía hacer era contarle todo a mi esposa, aunque había la posibilidad de que ser totalmente sincero podría significar el fin de nuestro matrimonio. Entonces tuve un abrumador sentimiento de paz. Independientemente de si Meg y yo siguiéramos siendo o no marido y mujer, supe en mi corazón que estaríamos bien. Por primera vez en mi vida supe que podía contarle a alguien mi historia completa.

Aunque quieras que tu esposo sea totalmente sincero contigo y que no se guarde nada, no necesitas escuchar todos los detalles. Una de las cosas que Meg lamenta es haber preguntado algunas particularidades. Una de las cosas que lamento es no preguntarle antes si realmente quería saber los hechos de una situación particular. Yo estaba preparado para decirle todo lo que ella quisiera saber. El problema fue que, al contarle algunos de los detalles minuciosos, esto creó en la mente de Meg una imagen con la que entonces ella tenía que tratar. Si bien no necesitas conocer los detalles específicos, necesitas que tu esposo confiese las rutas que su adicción ha seguido (pornografía, prostitución, actividades ilegales, etc.) y un itinerario de las mismas. Cualquier aspecto sin confesar es un asidero que Satanás puede usar. Puedo señalar con precisión los períodos en que mi AS progresó y estos se relacionaron directamente con los momentos en que no fui totalmente sincero con Meg.

¿Qué pasa por tu mente cuando continúas con tu adicción?

Las sensaciones más frecuentes son de vergüenza y culpa. Otra mentira que los adictos sexuales creen es: «Si alguien me conociera realmente, no me querría ni quisiera estar cerca de mí». Creer esta mentira es la base para la vergüenza que todo adicto sexual acarrea. Yo sabía que de veras deseaba dejar de hacer lo que estaba haciendo y le pedía a Dios un sinnúmero de veces que me ayudara a parar, pero seguía «portándome mal» y esto era sumamente frustrante y deprimente. Estos sentimientos eran insoportables, pues sabía que lo que estaba haciendo era malo y, sin embargo, me sentía temeroso de decir algo porque estaba seguro de que las personas sentirían repulsión. ¿Quién comprendería mi situación? Realmente creía que, si se la contaba a alguien, sería condenado al ostracismo. Mientras más solo y aislado me sentía, más mal me comportaba.

¿Pensaste alguna vez en tu esposa?

Para ser cruelmente sincero, durante la fase de mal comportamiento del ciclo de la adicción, no. La adicción tiene que ver con evitar sufrimiento. Cuando un adicto está en la fase de mal comportamiento, ya ha dejado atrás cualquier pensamiento racional acerca de las consecuencias potenciales. Cuando un hombre sí piensa en su esposa es durante el ciclo de vergüenza y culpa. Se siente culpable por su comportamiento, pero también se siente incapaz de detenerse. La vergüenza es aglomerada en él por el maligno, quien le dice que es imposible librarse.

Por medio de la oración y los recursos disponibles, incluso la consejería, supe cómo podía reconocer lo que estaba sucediendo antes y durante el ciclo de adicción. Una de las cosas que aprendí fue que tenía una opción. No estaba indefenso. Podía elegir a mi esposa en lugar de los antiguos caminos de la adicción. Por primera vez pude ver a Meg como quien realmente es y que Dios estaba bendiciéndome por medio de ella. Dios obró mediante mi esposa.

¿Cuál fue el momento decisivo para que lo confesaras todo?

El momento decisivo me llegó cuando Dios me permitió alcanzar un punto en que sabía que, si no tomaba la decisión de buscar ayuda, moriría. Muerte no solo emocional y espiritual. Me encontraba en una senda que con el tiempo me llevaría a la muerte física. Al mismo tiempo, Dios me mostró que estaría allí en cada paso del camino. Aunque Él no me había quitado la adicción ni me había sanado de manera milagrosa, me aseguró que me ayudaría a atravesar el proceso de sanidad. En ese tiempo, por la gracia de Dios, ya era parte de un grupo pequeño Solo para Hombres. La parte difícil fue confesar todo mi pasado de AS a mi grupo de rendición de cuentas y a Meg.

El momento decisivo para la mayoría de hombres es cuando son atrapados por sus esposas, sus jefes o la policía. Pensarías que este sería el momento en que la verdad saldría y el proceso de sanidad comenzaría. Desdichadamente, esto no es lo ocurre en la mayoría de casos. Algunos hombres se ponen a la defensiva y en completo rechazo. Tratan de intercambiar la culpa y no están dispuestos a admitir el hecho de que tienen un problema. La mayor parte intenta minimizar el problema diciendo que no es gran cosa y que su comportamiento no perjudica a nadie.

Otros confiesan todo, pero solo parcialmente. Recuerda que la porción de vergüenza y culpa del ciclo de AS es tan fuerte que el hombre cree que si cuenta todo a su esposa o a un amigo, «saldrán gritando en medio de la noche». El problema se agrava cuando el adicto ofrece solo una revelación parcial, porque hay una buena posibilidad de que la AS avance hasta una depravación mayor. Esto puede suceder en un tiempo corto o largo como semanas, meses y hasta años. En el transcurso de dos años tuve la oportunidad de contarle todo a Meg. Pero por miedo le revelé parcialmente mi adicción. Hablé lo suficiente de mi AS pasada como para resolver lo que era mi problema en ese momento. Puedo identificar estos dos elementos en una línea de tiempo y corresponden a cuando mi AS avanzó a nuevos niveles. Por desgracia, cada vez el nivel era aún más despreciable.

Independientemente de cómo un hombre llega a su momento decisivo, el paso crítico para su sanidad es ser cien por cien veraz con su esposa. Omitir algo en este momento es como dejarle una palanca a Satanás; él la usará para empujar y el ciclo de vergüenza y culpa continuará. Hay muchos y buenos recursos para leer sobre el tema de la adicción sexual tanto para el esposo como para la esposa. También hay a disposición consejeros cristianos, que son una sabia alternativa para marido y mujer, sea como pareja o individualmente. Formar parte de un grupo como Solo para Hombres puede ser de tremenda ayuda. Las iglesias en tu región tal vez no ofrezcan este tipo de grupo, pero hay recursos en la Internet y existen grupos como AS anónimos (ver el Apéndice B).

¿Qué pude haber hecho para evitar todo esto?

Nada.

Tal como Meg ha mencionado en este libro, tu esposo ya transitaba esta senda antes de que lo conocieras. Todo individuo con quien he hablado puede identificar una época como a los ocho o diez años de edad en que su AS comenzó. Mi adicción inició porque encontré una manera de aliviar mi sufrimiento y mi soledad. Por supuesto, con el tiempo se apiló más equipaje, pero la soledad era mi detonador principal. Ahora veo que Dios estaba tratando de acercarme más a Él. Yo no era creyente, pero en lo profundo de mi interior sabía que lo que estaba haciendo no era bueno. Lo único que sabía era que el dolor se aliviaba temporalmente como al parecer sucede con las drogas, el alcohol, o cualquier otra adicción.

No puedo enfatizar lo suficiente en que la adicción de tu esposo no tiene nada que ver contigo. No tiene nada que ver con cómo luces, con cómo estás disponible sexualmente para él, con tu personalidad, tu peso o el color de tu cabello. Una mentira perpetuada incluso por algunos consejeros y pastores es que, si estás más disponible sexualmente, tu esposo no tendría que ir a otra parte. Permíteme decirlo otra vez: esta es una rotunda mentira basada en ignorancia total de la fisiopatología de la adicción sexual. Meg y yo teníamos lo que creía que era una buena vida sexual mientras me hallaba «hasta el cuello» en mi AS.

¿Qué puedo hacer para apoyar la sanidad de mi esposo?

No puedes tomar por él la decisión de mejorar. Ya sea que él haya tomado esa decisión, tu labor principal es sanarte a ti misma y orar por tu esposo. Enterarte de la verdad te permitirá poner límites para protegerte. Nunca olvidaré el momento en que Meg oyó de Dios que estableciera un límite con relación a cómo ella reaccionaba ante mis arrebatos de ira. Durante muchos años usé la ira como una manera de controlarla. Una noche en que yo estaba reaccionando con rabia, la reacción de Meg cambió. En lugar de retroceder y aplacarme para evitar la situación, se quedó callada. Más tarde me dijo que había oído que Dios le decía que no reaccionara, sino que permaneciera en silencio. Esto me afectó en gran manera porque, de pronto, lo que solía funcionar ya no lo hizo.

En realidad, pensé que estaba volviéndome loco. ¿Qué estaba sucediendo? ¿Por qué esto ya no funcionaba? Dios fue realmente capaz de darme una nueva perspectiva sobre cómo me estaba comportando. Este fue un momento crucial para mí, porque Meg estaba dispuesta a escuchar a Dios y cambiar su reacción. Otro límite que ella estableció fue que, si yo seguía reaccionando de manera iracunda, tendría que irme. Una vez más, Dios estaba usando los límites puestos por Meg para darme su perspectiva sobre cuán destructiva era mi conducta. Estos límites no son solo para protegerte, pueden ayudar a tu esposo.

Cada ser humano tiene que tratar con el hecho de vivir en un mundo perdido. Todos estamos lidiando con algún problema o asunto. Nos hallamos en una crisis, saliendo de una crisis o avanzando hacia una crisis. Esta no es una perspectiva del vaso medio vacío sino una realidad. El modo en que elegimos tratar con el estrago es la clave para tener una vida sana y abundante: la vida que Dios promete por medio de su Hijo. Mi oración es que mediante este libro estés comenzando a ver cómo Dios quiere obrar en ti y por medio de ti sin que tengas en cuenta lo que tu esposo haga o no haga.

Ahora mismo orar por tu esposo tal vez sea lo último que pensarías hacer. El divorcio o causarle daño corporal podrían ser los pensamientos de vanguardia en tu mente. Comprendo eso. Yo sabía que había una buena posibilidad de que mi matrimonio se acabara en base a las decisiones que había tomado. Si alguna vez decidía regresar a mi AS, lo más probable era que mi matrimonio terminara. La conclusión es que tu sufrimiento es real. Sé que no es fácil para ti orar por tu marido, porque es difícil orar por la persona que nos ha lastimado. Sin embargo, puedo decir que, debido a la determinación de Meg de orar por mi sanidad y por mí, pude seguir en la senda de recuperación. Hubo ocasiones en que ella oraba por mí antes que nos acostáramos. Hubo muchas veces más en que sentí sus oraciones durante el transcurso de mi día.

No debes subestimar el poder de una esposa que ora. Tus oraciones son importantes. Levantarán a tu esposo mientras supera las mentiras del enemigo y le darán fortaleza para ocuparse de su recuperación. Tus oraciones también serán una poderosa herramienta para ayudar a tu marido si él está en negación o reacio a empezar el proceso de recuperación. Créeme, por favor, que Dios llevará a tu esposo a un punto de decisión y tendrá que resolver si continuará en su camino de autodestrucción o sanará. No puedes tomar esa decisión por él. Pero puedes orar pidiendo que sea receptivo a lo que Dios está tratando de hacer en su vida. Tus oraciones y las oraciones de otros jugarán un papel increíblemente importante en lograr que Dios consiga la atención de tu esposo.

¿Cómo sabré si mi esposo está siendo sanado?

El primer indicador de la sanidad es la sinceridad. Durante años tu esposo ha estado viviendo una mentira, la cual ha utilizado como una manera de impedir que tú y los demás sepan quién es realmente. Una de las mentiras que tal vez cree es que, si alguien lo conociera de veras, nadie querría estar cerca de él. De ahí que su mentira sea un mecanismo de defensa que ha ido perfeccionando por muchos años. A medida que avanza en el camino de la sanidad, aprenderá que la sinceridad es esencial para su recuperación.

En segundo lugar, ¿está él acercándose a Dios? Como puedes ver, el poder divino es la clave para la recuperación de tu esposo. Por supuesto, ha habido hombres que han dominado su adicción sexual por su cuenta. Se han aferrado a la vida, tratando de controlar su adicción. No obstante, el cambio de comportamiento solo es parte del proceso de sanidad. Si el individuo no ha comenzado a ocuparse de sus problemas del corazón, solo es cuestión de tiempo que ocurra una recaída. Solo Dios puede mostrarle a alguien lo que está en el corazón de él o ella, y solo Dios puede darle a alguien las fuerzas y la sabiduría para tratar con estos problemas del corazón.

Por último, ¿estás viendo un cambio real? ¿Está él más atento a tus necesidades? ¿Está tratando de entenderte realmente? ¿Está tratando de relacionarse de forma emocional y espiritual, y no solo física? ¿Está convirtiéndose en el líder espiritual que Dios lo ha llamado a ser?

Todo esto lleva tiempo. No esperes que tu esposo sea milagrosamente sanado. Él va a tropezar y fallar. Lo importante es que sea serio en cuanto a continuar en el camino de la recuperación y que esté contándote cómo le está yendo durante su viaje.

Recuerda, no eres responsable de los éxitos o fracasos de tu esposo durante su proceso de recuperación. Aunque él debería ser sincero al hablar contigo de cómo le está yendo, tú no eres su socia de rendición de cuentas. No es trabajo tuyo supervisar la recuperación de tu marido. Si él no conoce a otro hombre a quien pueda rendir cuentas, ora para que Dios le proporcione tal individuo. Así como tu esposo es responsable por las decisiones que ha tomado durante su batalla con la adicción sexual, solo él es responsable por su recuperación.

Deja la adicción y la recuperación de tu marido en manos de Dios. Y no esperes encontrar *tu* esperanza en la recuperación de tu esposo. Lo más importante para ti es cuidar de ti misma. Permite que Dios sane la herida que estás experimentando. Búscalo y deja que Él restaure tu corazón y te revele su maravilloso amor. De aquí es de donde viene la esperanza después de la traición.

APÉNDICE A

Tu diario personal

Este libro habla mucho acerca de cómo procesar tus emociones. Esta es una parte importante del viaje de sanidad para sacar nuestras emociones de nuestras cabezas. *Procesar* tus emociones significa simplemente pensar en ellas y explorarlas sinceramente. Para la mayoría de las mujeres, escribir es el método elegido, aunque al principio podrían luchar contra esta práctica. Es probable que no sientas deseos de realizar este paso. Hazlo de todos modos... ¡esto es por ti!

Consigue otro cuaderno o diario personal (con un candado si la privacidad es un problema). Comienza el procedimiento anotando pensamientos mientras lees. Las preguntas que encuentras al final de cada capítulo son simplemente puntos de partida. Toma la verdad de la Palabra de Dios en las «Luces en el camino» y aplícalas directamente a tu situación. Si no estás de acuerdo con el punto ni lo crees, apunta eso también. Te reto a encontrar la profundidad y la amplitud del amor de Dios por ti: es ilimitado.

A medida que leas, piensa en cada emoción que estás sintiendo. ¿Sientes ira? ¿Tristeza? ¿Desilusión? ¿Depresión? ¿Una combinación de todo eso? ¿Por qué crees que te sientes así? ¿En qué otros momentos de tu vida te has sentido de esta manera? ¿Cuál fue la situación?

Si te es difícil escribir, trata de recortar imágenes de revistas o dibuja algo. Si te dedicas a la música, trata de crear melodías que expresen tus sentimientos. Usa cualquier método que funcione mejor para ayudarte a procesar tus emociones. Esto es para ti, para tus ojos y oídos solamente, y es un paso crítico hacia la obtención del máximo provecho de este libro.

Registra o describe lo que ha ocurrido hasta ahora. Asegúrate de incluir todas tus emociones. Olvídate de todo lo que aprendiste en clases de español o arte, y simplemente crea. No tiene que ser algo bonito o deletreado correctamente, tan solo procesa por medio de escribir. Habrá algunas cosas que tu mente sabe que no son ciertas, pero tus emociones aún no lo han captado.

Escribe tus pensamientos sobre cada verdad, así como cada pasaje bíblico. Piensa en cómo te hace sentir la Palabra de Dios cuando la lees. Si parece demasiado buena para ser verdad, escribe eso también.

Sé audaz y específica en tus oraciones a Dios. Dile lo que necesitas y luego espera a ver lo creativo que Él es cuando contesta. Sigue adelante, dile cuán enojada estás y describe la herida y la desilusión. Sé sincera; Él lo sabe de todos modos. Asegúrate de documentar tanto tus oraciones como sus respuestas.

APÉNDICE B

Recursos

Libros acerca de la adicción sexual

Arterburn, Stephen y Shannon Ethridge. *Corazones restaurados.* Miami: Editorial Unilit, 2005.

Cross, Clay y Rene, y Mark Tabb. *I Surrender All: Rebuilding a Marriage Broken by Pornography.* Colorado Springs: NavPress, 2005.

Means, Marsha. *Enfrentando las guerras secretas de su esposo*. Bogotá: Ediciones Berea, 2008.

Miller, Molly Ann. *My Husband Has a Secret: Finding Healing for the Betrayal of Sexual Addiction.* Kansas City, MO: Beacon Hill, 2005.

Roberts, Ted. *Deseo ser puro*. Miami: Editorial Vida, 2006.

Schaumburg, Harry. *La adicción sexual: Un enfoque bíblico a la intimidad falsa*. El Paso, TX: Casa Bautista de Publicaciones, 2009.

Libros acerca de los límites relacionales

Alcorn, Randy. *El principio de la pureza.* Miami: Editorial Unilit, 2011.

Cloud, Henry y John Townsend. *Límites: Cuando decir Sí cuando decir No: Tome el control de su vida*. Miami: Editorial Vida, 2000.

_______. *Límites en el matrimonio.* Miami: Editorial Vida, 2009.

_______. *Personas seguras*. Miami: Editorial Vida, 2004.

Libros para sanidad personal

Arterburn, Stephen y Shannon Ethridge. *La batalla de cada mujer: Descubre el plan de Dios para la plenitud sexual y emocional.* Miami: Editorial Unilit, 2005.

Curtis, Brent y John Eldredge. *El sagrado romance: Vivamos más cerca de Dios.* Nashville: Grupo Nelson, 2001.

Groom, Nancy. *From Bondage to Bonding: Escaping Codependence, Embracing Biblical Love*. Colorado Springs: NavPress, 1991.

Newman, Deborah. *Then God Created Woman: Finding Fulfillment as the Woman God Intended You to Be*. Colorado Springs: Focus on the Family, 1998.

Libros sobre el matrimonio

Thomas, Gary. *Matrimonio sagrado: Diseñado por Dios, no solo para hacernos felices, sino para acercarnos más a Él*. Miami: Editorial Vida, 2011.

Wilson, Earl y Sandy, Paul y Virginia Friesen, y Nancy y Larry Paulson. *Restoring the Fallen: A Team Approach to Caring, Confronting and Reconciling*. Downers Grove, IL: InterVarsity, 1997.

Páginas en la Internet

www.awomanshealingjourney.com (solo en inglés)
www.enfoquealafamilia.com
www.hopeafterbetrayal.com (solo en inglés)
www.puredesire.org/what/partner.asp (solo en inglés, información y direcciones de grupos de Solo para Hombres)
www.pureintimacy.com (solo en inglés)
www.pureonline.com/info-for-wives.cfm (solo en inglés)
www.settingcaptivesfree.com (solo en inglés, curso en línea para esposas, haz clic en «A United Front»)
www.skyviewcounseling.com (solo en inglés)
www.tuffstuffministries.com (solo en inglés)
www.xxxchurch.com (solo en inglés)

Monitoreo y filtros de contenido para computadoras

Family Safe Web Filtering
www.familysafeweb.com
Integrity Online Filtering
www.integrityonline.com
Net Nanny Shop
www.netnanny.com

EDITORIAL
PORTAVOZ

NUESTRA VISIÓN

Maximizar el efecto de recursos cristianos de calidad que transforman vidas.

NUESTRA MISIÓN

Desarrollar y distribuir productos de calidad —con integridad y excelencia—, desde una perspectiva bíblica y confiable, que animen a las personas a conocer y servir a Jesucristo.

NUESTROS VALORES

Nuestros valores se encuentran fundamentados en la Biblia, fuente de toda verdad para hoy y para siempre. Nosotros ponemos en práctica estas verdades bíblicas como fundamento para las decisiones, normas y productos de nuestra compañía.

Valoramos la excelencia y la calidad
Valoramos la integridad y la confianza
Valoramos el mérito y la dignidad de los individuos y las relaciones
Valoramos el servicio
Valoramos la administración de los recursos